# NEW
# 서울대 선정
# 인문고전
# 60선

## 18
## 베이컨 신논리학

**NEW 서울대 선정 인문 고전 ⑱**

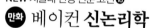

개정 1판 1쇄 발행 | 2019. 8. 21
개정 1판 2쇄 발행 | 2021. 9. 27

홍성자 글 | 김광옥 그림 | 손영운 기획

발행처 김영사 | 발행인 고세규
등록번호 제 406-2003-036호 | 등록일자 1979. 5. 17.
주소 경기도 파주시 문발로 197 (우-10881)
전화 마케팅부 031-955-3100 | 편집부 031-955-3113~20 | 팩스 031-955-3111

값은 표지에 있습니다.
ISBN 978-89-349-9443-5
ISBN 978-89-349-9425-1(세트)

좋은 독자가 좋은 책을 만듭니다. 김영사는 독자 여러분의 의견에 항상 귀 기울이고 있습니다.
전자우편 book@gimmyoung.com | 홈페이지 www.gimmyoungjr.com

이 도서의 국립중앙도서관 출판예정도서목록(CIP)은 서지정보유통지원시스템 홈페이지(http://seoji.nl.go.kr)와
국가자료종합목록시스템(http://www.nl.go.kr/kolisnet)에서 이용하실 수 있습니다. (CIP제어번호 : CIP2018042490)

**어린이제품 안전특별법에 의한 표시사항**

제품명 도서  제조년월일 2021년 9월 27일  제조사명 김영사  주소 10881 경기도 파주시 문발로 197
전화번호 031-955-3100  제조국명 대한민국  ⚠주의 책 모서리에 찍히거나 책장에 베이지 않게 조심하세요.

미래의 글로벌 리더들이 꼭 읽어야 할 인문고전을 **만화**로 만나다

NEW
서울대 선정
인문고전
60선

18

베이컨 신논리학

홍성자 글 · 김광옥 그림

주니어김영사

# 〈NEW 서울대 선정 인문고전60〉이
# 국민 만화책이 되기를 바라며

제가 대여섯 살 때 동네 골목 어귀에 어린이들에게 만화책을 빌려주는 좌판 만화 대여소가 있었습니다. 땅바닥에 두터운 검정 비닐을 깔고 그 위에 아이들이 좋아하는 만화책을 늘어놓았는데, 1원을 내면 낡은 만화책 한 권을 빌릴 수 있었지요. 저는 그곳에서 만화책을 보면서 한글을 깨쳤고 책과의 인연을 맺었습니다.

초등학교 때는 용돈을 아껴서 책을 사서 읽었고, 중학교 때는 학교 도서 반장을 맡아 도서관에서 매일 밤 10시까지 있으면서 참 많은 책을 읽었습니다. 그 무렵 헤밍웨이의 《노인과 바다》를 손에 땀을 쥐며 읽으면서 인생에 대해 고민했고, 헤르만 헤세의 《수레바퀴 아래서》를 읽으며 사춘기의 심란한 마음을 달랬습니다. 김래성의 《청춘 극장》을 밤새워 읽는 바람에 다음 날 치르는 중간고사를 망치기도 했습니다.

당시 저의 꿈은 아주 큰 도서관을 운영하는 사람이 되어 온종일 책을 보면서 책을 쓰는 작가가 되는 것이었습니다. 나이가 들고 어느 정도 바라는 꿈을 이루었습니다. 큰 도서관은 아니지만 적당한 크기의 서점을 운영하고, 글을 쓰는 작가가 되었거든요. 저는 여기에 새로운 꿈을 하나 더 보탰습니다. 그것은 즐거운 마음과 힘찬 꿈을 가지게 해 주고, 나아가 자기 성찰을 도와주는 좋은 만화책을 만드는 일이었습니다. 이렇게 해서 만든 책이 바로 〈서울대 선정 인문고전〉입니다. 서울대학교 교수님들이 신입생과 청소년들이 꼭 읽어야 할 책으로 추천한 도서들 중에서 따로 60권을 골라 만화로 만든 것입니다. 인류 지성사의 금자탑이라고 할 수 있는 고전을 보기 편하고 이해하기 쉽도록 만화책으로 만드는 일은 쉬운 일은 아니었습니다. 약 4년 동안에 수십 명의 학교 선생님들과 전공 학자들이 원서의 내용을 정확하게 전달할 수 있도록 밑글을 쓰고, 수십 명의 만화가들이 고민에 고민을 거듭하면서 만화를 그려 60권의 책을 만들었습니다.

〈서울대 선정 인문고전〉이 완간되었을 무렵에 우리나라에 인문학 읽기 열풍이 불기 시작했습니다. 〈서울대 선정 인문고전〉은 인문학 열풍을 널리 퍼뜨리는 데 한몫을 하면서 독자들의 뜨거운 사랑과 관심을 받았습니다. 덕분에 지금까지 수백만 권이 팔리는 베스트셀러가 되었습니다. 그 사랑에 조금이나마 보답을 하기 위해 《칸트의 실천이성 비판》, 《미셸 푸코의 지식의 고고학》, 《이이의 성학집요》 등 우리가 꼭 읽어야 할 동서양의 고전 10권을 추가하여 만화로 만들었습니다.

〈서울대 선정 인문고전〉은 어린이와 청소년이 부모님과 함께 봐도 좋을 만화책입니다. 국민 배우, 국민 가수가 있듯이 〈서울대 선정 인문고전〉이 '국민 만화책'이 되길 큰마음으로 바랍니다.

손영운

# 자연에 대한 철학적 탐구를 위한 친절한 안내서

20세기 영국의 철학자 러셀은 17세기 초 거의 모든 중대한 지식의 발전은 아리스토텔레스의 가르침을 공격하는 것으로 시작되었다고 했습니다. 아리스토텔레스가 죽고 나서 2천 년에 가까운 시간 동안, 철학자들은 관찰하는 것을 포기했습니다. 대부분의 연구는 아리스토텔레스를 연구하는 것이었죠. 심지어 아리스토텔레스 철학이 절대적인 권위를 누리면서 사람들은 '아리스토텔레스와 가장 일치하는 것이 진리이다.' 라고 생각하기에 이르렀답니다.

이러한 당시 학문 풍토에, 그리고 아리스토텔레스의 학문 방법론에 문제 제기를 시작한 책이 바로 베이컨의 《신논리학》입니다. 《신논리학》은 어떤 책일까요?

'아는 것이 힘이다.'

베이컨이 한 이 유명한 말은 《신논리학》을 가장 잘 설명하는 표현입니다. 자연을 잘 아는 것이 인간이 자연을 지배하고 이용하는 데 큰 힘이 될 것이라는 신념이지요. 이 자연을 어떻게 하면 잘 알 수 있을지, 그 방법을 찾아가는 책이 바로 《신논리학》입니다.

《신논리학》은 2권으로 이루어져 있는데, 제1권은 130개의 번호가 붙은 짧은 항목으로, 제2권은 52개의 항목으로 이루어져 있습니다. 여기 《만화 데카르트 신논리학》에서는 제1권 130개 항목을 3장에서 10장으로, 제2권 52개 항목을 11장과 12장으로 구성해 보았습니다.

교실에서 수업하듯 부담 없이 써내려간 이 책을 통해 베이컨과 《신논리학》에 좀 더 편안하게 다가갈 수 있기를 바랍니다.

끝으로 어려운 이야기를 멋진 만화로 표현해 주신 만화가 님께 감사를 드립니다.

홍성자

# 실험과 관찰의 중요성을 말한 베이컨을 만나봐요

'아는 것이 힘이다.'는 말이 있습니다. 바로 이 책 《신논리학》을 지은 베이컨이 남긴 유명한 말이지요. 어렸을 적, 왜 아는 것이 힘일까라고 생각한 적도 있었지만, 어느새 어른이 되어 보니 모든 일에 제대로 아는 것만큼 중요한 것이 없는 것을 알게 되었습니다. 역시 아는 것이 힘이죠!

베이컨은 《신논리학》에서 실험과 관찰의 중요성을 말하며, 실험과 관찰 없는 주장의 위험성을 설명합니다. 베이컨의 이 같은 주장은 저처럼 만화를 그리는 만화가에게도 많은 도움이 됩니다. 진짜 재미있는 만화, 좋은 만화를 그리기 위해서는 선입관을 벗어나 더 많은 것을 공부하고, 지식을 쌓고, 취재해야 하거든요.

이 만화를 그리며, 지금으로부터 400여 년 전 뛰어난 학자인 베이컨의 주장에 대해 많이 생각해 보았습니다. 그리고 어린 독자들이 가장 쉽게 이해할 수 있도록 가능하면 재미있게 표현하도록 노력했어요.

이 만화를 그리는 데 많은 분들의 도움이 있었습니다. 함께 묵묵히 작업에 참여한 많은 선후배, 동료 들에게 고마움을 전합니다.

부디 이 만화를 읽는 모든 독자들이 지식의 넓은 바다에서 무언가를 얻는 항해를 잘 해나가시기를 진심으로 바랍니다.

김광옥

## | 차 례 |

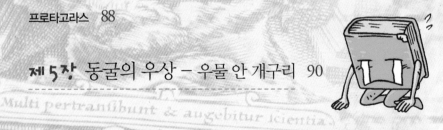

# 제1장 《신논리학》은 어떤 책일까?

오늘은 《신논리학》에 대해 알아볼까?

네?

노… 논리학이라고요?!

게다가 신논리학?! 으악…!

알고 싶지 않아요!

으… 보나마나 엄청 어려운 내용일텐데 골치만 아플 거예요… 이런 건 모르는 게 약이라고요….

하지만 베이컨은 '아는 것이 힘'이라고 했는걸?

아는 것이 힘?

그… 그 베이컨이 누군데요?

베이컨은 영국에서 살았던 철학자인데

오늘 소개할 책 《신논리학》의 저자이기도 하단다.

얘들아, 안녕? 내가 바로 베이컨이야!

베이컨은 무엇을 알기를 바랐을까? 바로 '자연'이야.

그럼 자연을 안다는 것은 무엇일까?

예를 들어서 사방이 어둡고 음침한 날씨에 번개가 으르렁거리는 빗속을 걷고 있다고 생각해 봐…

으… 무서워. 날씨가 왜 이렇지?

그럴 때 이런 생각해 봤니?

으아아~ 내가 지은 죄가 많아서 천벌로 신이 벼락을 내리는 게 아닐까?

에이… 벼락이 무슨 천벌이에요~ 번개는 그 뭐냐… 자연현상일 뿐이잖아요.

그래, 맞아. 번개는 천벌이 아니고 자연현상의 일부일 뿐이지.

내가 한 짓이 아니라고!

무죄

480

470

그럼 번개가 뭘까?

진실

번개는 단순하게 말하자면 전기야.

그런데 번개를 만드는 비구름은 어떻게 전기를 가질 수 있는 걸까?

사실 비구름은 수많은 물방울로 이루어져 있어.

그런데 이 물방울들이 서로 부딪칠 때 어떤 물방울은 양극의 전기를 가지게 되고, 어떤 물방울은 음극의 전기를 가지게 돼.

이런 물방울로 이루어진 구름 덩어리에는 강력한 전기가 형성되는 거지.

그런데 이 구름이 다른 극을 가진 구름이나 지면과 만나게 되면 어떻게 될까?

순간적으로 불꽃이 일어나며 강한 전기가 통하는데, 이것을 번개라고 한단다.

특히 구름과 땅 사이에서 일어나는 번개현상을 벼락이라고 하는 거지.

하지만 옛날 사람들은 신이 분노해서 죄진 사람에게 벌을 내리는 것이라 생각했어. 번개에 대해 잘 몰랐기 때문이야.

그러나 번개가 자연적인 현상이라는 것과 그 속성이 전기라는 것을 알게 되면서
인간은 자연을 지배할 힘을 갖게 된 거지.

그러면 자연에 대한 지식을 가장 잘 알 수 있는 방법은 무엇일까?

《신논리학》의 원래 제목은 라틴어로 '노붐 오르가눔(Novum Organum)'이야.

영어로는 〈New Organ〉 '새로운 기관', '신기관'이란 뜻이지!

라틴어에서 Organum은 기관 외에도 방법, 논리, 규준의 뜻을 담고 있어.

학문을 연구할 때 꼭 필요한 도구들이지?

논리 / 방법 / 규준

그리고 아리스토텔레스가 쓴 논리학 저서의 제목이 《오르가논 Organon》으로 붙여졌는데 이것은 논리학이 학문 연구의 도구, 기관이라는 의미였지.

뭐야! 비슷한데 표절 아니야?

아니죠. New가 있잖아요.

그런데 왜 베이컨은 책 제목에 New를 붙였을까?

베이컨은 당시 지배적이었던 아리스토텔레스의 논리학에 맞서 새로운 방법을 주장하거든.

기호 2번!

② 신논리학

얼씨구.

사실 베이컨은 '학문의 대혁신'이라는 6부작의 야심찬 계획을 가지고 있었어.

하지만 안타깝게도 이 6부작 중 실현된 것은 3부까지였지.

크흑! 역시 흥행은 3탄까지인가….

그중 2부에 해당하는 책이 바로 《신논리학》이란다.

짜 Ⅱ 잔

그런데 이 논리학도 결국은 미완성에 그치고 말았어.

원래 대작 중에는 미완성이 많잖아?

하하

미완성임에도 이 책은 지금까지 철학사에 그 의미가 매우 큰 책으로 남아 있단다.

철학사 / 신논리학

1620년 출간된 《신논리학》의 표지에는 지브롤터 해협의 헤라클레스의 기둥 사이를 지나는 배가 그려져 있어.

지브롤터 해협 사이엔 두 개의 바위가 솟아 있는데 이를 헤라클레스의 기둥이라 불렀지.

휴~
내가 세워 놓은 기둥이거든.

그런데 옛부터 이곳은 세상의 끝을 표시하는 지점이었다고 해.

세상의 끝

옛날 사람들은 세상의 끝이 깊은 낭떠러지라고 믿었기 때문에 아무도 지브롤터 해협 밖으로 나가려 하지 않았던 거지.

으악…!
헤라클레스의 기둥이다!
어서 배를 돌려라!

그래서 베이컨은 배가 지중해를 나와 큰 바다로 나아가듯이 《신논리학》을 통해 중세를 넘어 근대의 학문 세계로 나아가려는 자신의 꿈을 표지 그림에 담고 싶었던 것 같아.

중세학문

신논리학

근대학문

베이컨이 《신논리학》을 쓴 목적에는 인간이 자연을 알고 지배함으로써 실질적인 이익을 얻기를 바라는 마음이 있었어. 그래서 《신논리학》의 부제는 '자연의 해석과 인간의 자연 지배에 관한 잠언'이야.

신대륙

ㅣ와아ㅣ

자, 그럼 이제 책 내용으로 들어가 볼까?

신논리학

베이컨이 주장한 《신논리학》은 한마디로 '귀납법'을 말해.

짜~안 귀납법!

당시 학문을 주도하고 있던 아리스토텔레스의 논리학은 '연역법' 이었지.

내가 죽은 지가 언제인데 아직도 날 따라와?

학문 | 연역법

갑자기 어려운 용어들이 나오니까 머리 아프지?

아악!

하지만 차근차근 접근하면 그렇게 어렵지만은 않아.

용기를 내자고!

귀납 | 연역

귀납법과 연역법에 들어가기 전에 우리는 먼저 '추리' 라는 말을 알아야 해.

하핫! 추리하면 바로 내 전문이지.

추리란 '우리가 이미 알고 있는 어떤 판단을 가지고 새로운 판단을 내리는 것' 을 말해.

아니…! 누가 감히 우리 집 마당에 이런 짓을…!

좋아~ 추리가 필요한 시점이군!

추리를 할 때 이미 알고 있는 판단을 '전제' 라고 부르고

이것은 개똥이 분명한데?

새로운 판단은 '결론' 이라고 부르지.

또 누렁이, 네 짓이구나!

낑!

히히히… 내가 했는데….

거기 안 서?

컹!

백설공주의 새 어머니는 이런 추리를 했어.

거울이 세상에서 제일 이쁜 건 백설공주라고 했다….

난 거짓말 안 해.

흑~ 그렇다면 나는 세상에서 제일 이쁜 사람이 아니란 말인가…!

그 얼굴로 당연한 거 아니야?

거울이 한 말을 전제로 자신이 세상에서 제일 이쁜 사람이 아니라는 결론을 얻었다는 이야기지.

쳇!

백설공주가 제일이뻐

우리도 일상생활에서 틈틈이 추리를 하며 살고 있어.

장하다, 우리 아들! 웬일이야, 네가 스스로 공부를 다 하다니~.

히하하….

응?

이 녀석, 이렇게 어려운 문제들을 문제 풀이도 없이 답만 써놓은 걸 보니 답안지를 베낀 거구나…!

헉!

이 녀석! 답안지를 베껴?

꺄악!

이렇게 거짓말이 들통 나는 것도 다 엄마들의 날카로운 추리력 때문이지.

똑바로 들어!

웅 쩔

이런 추리의 방법 중에 대표적인 것이 바로 귀납추리와 연역추리야.

또 만났네?

그럼 귀납추리의 예를 들어 볼까?

귀납추리

아리스토텔레스는 죽었어.

맞아. 나는 고대 그리스 시대의 사람이야.

그리고 소크라테스도 죽었고, 플라톤도 죽었고, 공자도 죽었고, 맹자도 죽었고, 세종 대왕도 죽었고, 이순신 장군도 죽었고….

뭐… 뭐야? 갑자기 죽은 사람 이름을 왜…?

이렇게 개별적인 사실들을 바탕으로 우리는 하나의 결론을 낼 수 있지.

네?

모든 사람은 죽는다!

으앗!

이렇게 개별적인 사실들을 바탕으로 보편적인 결론에 이르는 방식이 바로 귀납추리야.

개별
개별
개별

보편적 결론

그럼 연역추리는 어떤 방식인지 볼까?

액션!

딱

  신논리학

모든 사람은 죽는다.

나는 사람이다.

여기까지가 전제야.

그러므로 나는 죽는다!

이게 결론이지.

이렇게 두 개의 전제를 바탕으로 하나의 결론을 내리는 연역추리 방법을 삼단추리라고 해.

하늘을 날려면 날개가 있어야 해.

나는 날개가 없어.

그러니까 너는 나처럼 못 날아.

전제

결론

하지만 베이컨은 연역법이 새로운 사실을 알아가는 방법은 아니라고 보았어.

그런 방법으로는 날 수 없어.

헉!

이미 알고 있는 대전제를 바탕으로 개별적인 하나의 사실을 이끌어 낼 뿐이라는 거지.

당신은 사람이기 때문에 언젠가 죽고 말 것입니다.

그건 당연하잖아!

하지만 당시의 학문 풍토는 연역법이 주도하고 있었어.

이 구슬이 그렇게 알려줬어요!

연역법

이에 대한 베이컨의 해결책은 학문에 있어서의 '근본적 혁신' 이었어.

구멍이 났네? 또 바느질 해야겠어….

혁신이 필요해…!

그리고 그 방법이 바로 귀납법, 즉 '신논리학' 인 셈이지.

여기서 귀납법의 예를 하나 더 살펴 볼까?

나비는 여섯 개의 다리가 있어.

꿀벌도 여섯 개의 다리가 있지.

개미 역시 여섯 개의 다리가 있어.

그리고 나비, 꿀벌, 개미는 모두 곤충이다!

결론은 뭘까?

모든 곤충은 서로 친하다?

아니지. '모든 곤충은 여섯 개의 다리를 가지고 있다!' 가 결론이야.

틀렸네…

땡~

친구들아 미안해

이렇듯 귀납탐구에서 가장 중요한 것은 바로 '관찰' 이야.

자세히 관찰하지 않으면 내 다리가 여섯 개인 걸 알기 힘들거든~.

그리고 '경험' 도 중요한 바탕이 되지.

난 어릴 적부터 나비 수집이 취미였어.

여기에 하나 더 추가하자면 적극적인 '실험' 도 있어.

으악! 또 실패!

툭

베이컨은 학문을 연구함에 있어 경험과 관찰과 실험을 아주 중요하게 여겼어.

귀납탐구

실험

관찰

경험

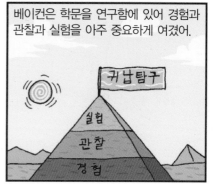

그러나 경험과 관찰, 실험을 바탕으로 한 귀납적 탐구 이전에 해야 할 일이 있어.

또 있다고?

우리를 헛수고에 빠트리는 것이 우리 정신에 있거든.

그… 그게 뭔데요?

그건 바로 '우상'이야.

우상이요?

그 의미가 아니야.

베이컨이 말하는 우상이란 그것을 그대로 내버려 두면 사람을 잘못된 방향으로 그리고 거짓으로 말려들게 만드는 마음의 모든 경향을 말해.

우상

으앗…! 이쪽으로 가면 안 되는데…!

그런데 베이컨은 그 우상이 하나도 아니고 네 개나 된다고 했어.

판도라의 상자만큼이나 무서운 것들이야.

도대체 우리 정신을 잘못된 방향으로 이끄는 우상들이 무엇일까?

첫째는 종족의 우상이야.

종족의 우상이란 인간의 관점에서만 바라보는 것을 말해.

저 달에는 토끼가 살고 있어.

둘째는 동굴의 우상이란다.

우물 안 개구리가 갖는 한계 같은 것이지.

역시 하늘은 넓단 말이야!

셋째는 시장의 우상이야.

사람들 사이에 오가는 말, 즉 언어의 문제를 말하고 있어.

이 집 국물이 시원해.

차갑다고?

넷째로는 극장의 우상이야.

극장 무대에 혹하듯이 그럴싸한 명성이나 권위에 가려 오류에 빠지는 것을 말해.

이 나쁜 놈! 감히 왕정을 배신해?

연기일 뿐인데…

무슨 말인지 잘 모르겠다고?

조금만 기다려. 책 내용으로 들어가서 다시 한 번 살펴보면 감이 올 거야.

어쨌든 우리는 이러한 우상에 빠지지 않도록 주의하면서 귀납법으로 학문을 탐구해야 해.

이상!

우상의 예습, 끝~!

신논리학

《신논리학》 제2권에서는 귀납적 탐구 방법의 예를 보여주고자 해.

신논리학
2권

논리학
권

그래서 베이컨은 '열의 본성'을 탐구하는 과정을 세세히 보여주지.

모두들 기대하라고~ ♪♪

하지만 2권은 1권에 비해 대접을 받지 못했어. 베이컨의 사상을 이해하는 데는 제1권이면 충분하다고 보는 사람들이 있거든.

2권 샀는데 볼래?

그 사람 것 봤어.

그렇다면 베이컨은 《신논리학》에 대해 스스로 어떻게 생각했을까?

흠….

베이컨은 인간의 행위 중 가장 탁월한 행동이 '위대한 발견'이라고 생각했어.

고대인들도 새로운 사물을 발견한 사람들을 신격화했다잖아!

예를 들어 제국을 건설한 사람, 입법자, 조국을 구한 사람, 독재자를 타도한 사람들은 영웅의 영예에 그쳤다는 거지.

….

당신은 영웅이오!

와아

하지만 위대한 발견을 한 사람은 대접이 틀리지.

우리는 특정 장소가 아닌 전 인류에게 영향을 미치니까!

당신을 섬깁니다

더군다나 나는 발견하는 방법을 알려주니까 더욱 위대한 사상가가 아니야?

베이컨에게는 《신논리학》이 바로 '발견 자체를 쉽게 할 수 있는 방법의 발견'이라는 자부심의 표현이었던 거야.

나는 콜럼버스보다 위대해!

윽…

하하하

그러나 베이컨의 《신논리학》에 대해서 몇 가지 한계를 지적하기도 해.

더 이상은 안 됩니다.

윽…!

신논리학

베이컨은 실험을 통해 선입견 없이 기록, 정리하면 이를 근거로 믿을 만한 자연법칙을 발견하리라 믿었어.

우상아, 물러가라!

그러나 문제는 귀납법에 의한 결론이 진리라는 것을 논리적으로 증명할 수 없다는 거야.

진리라는 증거를 대봐.

윽!

연역법은 전제가 옳다면 반드시 결론도 옳음을 보장하잖아?

물론 전제가 좀 뻔하긴 하지만 다들 인정하지.

인정!

그러나 귀납법은 결론이 진리라는 것을 증명할 문제가 남았던 거지.

증명이라…

이 문제점에 대해 영국의 철학자 러셀은 '칠면조의 비유'를 들어.

칠면조를 키우던 어느 농장의 주인은 모이를 줄 때마다 종을 쳤대.

땡 땡 땡

그렇게 하기를 하루, 이틀, 사흘… 세 달 이상이 되니까

엇!

땡땡땡…

꽉 꽉

똑똑한 칠면조가 귀납추리를 했지.

아하! 주인은 종을 치고 나면 맛있는 모이를 주시는구나!

신논리학

그러던 어느 날,
땡땡땡
앗!

좋았어! 밥이다!

그러나 그날 칠면조는 모이를 먹지 못했어.

그날 그 칠면조는 칠면조 요리가 되어 주인 집 식탁에 올라 갔거든.

그날은 크리스마스 이브였대.

이렇게 하나하나의 개별적 사실로부터 얻은 결론을 일반적인 진리로 확신하기에는 허점이 있어.

밥 먹으라는 신호야?
알 낳으라는 신호야.
땡땡땡
아니야, 잠잘 시간이라는 신호야.

그런데 이렇게 멋진 비유를 든 러셀이라는 사람은 누구일까?

나로 말할 것 같으면 영국의 철학자, 수학자, 논리학자, 문필가, 반전운동가, 행동하는 지성, 노벨문학상 수상자 허허허….

대단하지? 러셀이 《서양철학사》라는 책에서 보여준 베이컨에 대한 견해도 틈틈이 소개해 줄게.

서양철학사

그리고 베이컨의 귀납법은 과학에서 '가설'이 하는 역할에 대한 인식이 부족했다고 해.

나는 가설보다는 자료가 더 중요해!

가설은 어떤 사실을 증명하기 위해 편의상 내세우는 이론이야. 무엇인가 자료를 수집하고 분류하려면 가설이 있어야 가능한데 말이지.

윽…!

그런데 어떤 자료를 수집하고 어떻게 분류하지?

그리고 베이컨은 수학에 대해서도 실험적인 면이 부족하다는 이유로 낮게 평가하였다고 해.

결국 과학 연구에 있어서 수학의 중요성을 놓친 거지.

수 학
20

그리고 자연에 대한 베이컨의 견해도 오늘날에는 문제시된단다.

환경 파괴의 문제가….

베이컨이 주장한 '아는 것이 힘'은 곧 자연에 대한 정확한 해석이 인간의 자연에 대한 지배를 가능하게 할 거라는 의미였어.

자 연

지배자

결국 이런 인간 중심적 생각은 자연의 무분별한 개발을 가져왔고 이것이 심각한 환경파괴로 연결되었지.

사실 인간은 자연을 도구로 마구 이용할 수 있는 존재가 아니야.

인간 역시 자연의 일부이며 자연과 더불어 공존해야 하는 게 옳은 거지.

자연이 죽은 곳에 인간이 살아갈 수는 없거든.

러셀은 베이컨 철학이 여러 가지 면에서 부족한 점이 있었지만 근대 귀납법의 창설자로서, 그리고 과학적 방법의 논리적 체계화를 시도한 선각자로서 영원히 잊지 못할 중요한 위치를 차지하고 있다고 평했단다.

아리스토텔레스의 연역법이 주도하던 학문 풍토에서 새로운 방법인 귀납법을 주장한 것, 지적 편견이나 오류에 대한 경고,

연역법으로는 안 됩니다!

그러면서 17세기 과학적 탐구 방법에 지대한 영향을 끼친 점을 높이 샀던 거지.

이제 베이컨이라는 인물에 대해 좀 더 자세히 살펴보는 게 좋겠지?

# 러셀

**20세기 지식인 가운데 가장 다양한 분야에서** 지속적으로 영향을 미친 인물로 평가받는 러셀(Bertrand Russell : 1872~1970)은 1872년에 영국의 귀족 가문에서 태어나, 두 살 때 부모님을 모두 잃고 할머니의 보살핌 속에서 자랐습니다. 1890년 케임브리지의 트리니티 칼리지에 입학하여 수학과 철학을 공부했어요. 대학 시절 탁월한 지적 능력으로 높은 평가를 받았고, 특히 수학에서는 타의 추종을 불허했다고 해요.

러셀은 자서전에서 자신의 삶을 지배한 세 가지 열정이 있다고 했습니다. 그것은 바로 '사랑에 대한 갈망', '지식에 대한 탐구' 그리고 '인류가 겪고 있는 고통에 대한 참을 수 없는 연민' 입니다.

이 세 가지 열정은 러셀의 삶의 모습을 잘 보여줍니다. 러셀은 스승이었던 화이트헤드(1861~1947)와 《수학원리》(1910~1913)라는 책을 함께 집필합니다. 이후 철학, 수학, 사회학, 교육, 여성, 정치, 종교, 예술 등 다양한 영역에 걸쳐 40여 권에 이르는 책과 수많은 논문, 수필을 썼어요. 또한 대학 졸업 후 모교에서 교수가 됩니다.

러셀

　그러나 제1차 세계대전이 발발하자 적극적으로 전쟁과 징병에 반대하는 운동에 나섭니다. 이 일로 결국 트리니티 칼리지를 나오고 1918년에는 6개월 동안 투옥되기도 합니다. 말년에는 핵무기 개발을 적극적으로 반대하면서 시민불복종 운동을 펼치기도 했습니다. 또한 베트남전에 대한 반대를 분명히 하는 등 옳지 않은 일에 끊임없이 문제를 제기하고 비판하였습니다.

　《서양철학사》는 러셀이 펜실베이니아에 있는 반즈 재단과 5년 동안 맺은 강의 자료를 토대로 발간한 책입니다. 이 책은 러셀의 주관적인 견해가 많이 담겨 있는 것이 특징으로 영국과 미국에서 동시에 베스트셀러가 될 정도로 많은 사랑을 받았습니다. 그리고 러셀은 이 책으로 1950년 노벨문학상을 수상하게 됩니다.

　러셀은 수학자이자 철학자, 사회비평가로 런던타임즈가 '500년에 한 번 나올까 말까 한 천재'라는 찬사를 보낸 20세기를 대표하는 지성인이었습니다.

# 너 자신을 알라

**소크라테스가 말한 것으로** 유명한 '너 자신을 알라.' 는 말을 잘 알 거예요. 하지만 이 말은 소크라테스가 한 게 아니라 고대 그리스 델포이의 아폴론 신전 기둥에 새겨져 있던 말이랍니다.

그러면 소크라테스는 이 말을 어떤 의미로 즐겨 사용했을까요?

어느 날 소크라테스의 친구 카이레폰은 델포이의 아폴론 신전에 가서 아테네에서 가장 현명한 사람이 누구인지 물었다고 해요. 이에 대해 소크라테스가 가장 현명하다는 신탁을 받게 됩니다. 소크라테스는 친구에게 이 신탁을 전해 듣고 무척 당황했습니다. 왜냐하면 자신은 아는 것이 없다는 것을 잘 알고 있기 때문이었습니다.

그래서 소크라테스는 아테네에서 지혜롭고 현명하다고 칭송 받는 사람들을 찾아다닙니다. 그런데 그들과의 대화 속에서 소크라테스는 다음과 같은 사실을 깨닫게 됩니다. 사람들이 잘 알고 있다고 생각하는 것들이 사실은, 제대로 아는 것이 아니라는 것과 그 사람들은 자신이 잘 모르고 있다는 사실조차도 알지 못하

소크라테스

고 있다는 것입니다.

결국 소크라테스는 델포이 신탁이 '최소한 소크라테스는 자신이 잘 모른다는 것을 알고 있다.' 는 의미에서 다른 사람들보다 현명하다고 하는 것임을 깨닫게 됩니다. 현명한 척 하는 다른 사람들은 실제로 잘 모르면서 자신이 잘 모른다는 사실조차 모르고 있으니까요.

그러므로 '너 자신을 알라.' 는 말의 의미는 '너 자신이 아무것도 모르고 있다는 것을 알라.' 는 것입니다. 자신이 아무것도 아는 것이 없다는 것을 알고 거기에서 출발하여 참다운 진리를 향해 나아가라는 뜻이랍니다.

# 아리스토텔레스 논리학

'논리학'은 진리를 탐구하는 방법에 대해 연구하는 학문입니다. 아리스토텔레스는 최초로 과학을 크게 철학, 수학, 자연학으로 분류하는 것을 시도하였지만 논리학에는 어떠한 분류도 적용하지 않았습니다. 논리학을 모든 학문에 공통된 방법론으로 생각했기 때문이지요.

아리스토텔레스의 논리학에 관련된 저작들은 '범주론', '해석론', '분석론 전서', '분석론 후서', '변증론', '소피스트적 논박'의 6편으로 이루어져 있습니다. 이 저서들에 '오르가논(organon)'이라는 명칭을 붙인 것은 제자들입니다. 오르가논은 원래 도구, 방법이란 뜻인데 아리스토텔레스가 논리학을 '학문의 도구'라고 보았기 때문에 붙여진 이름이에요.

어떻게 하면 참다운 지식을 얻을 수 있는가에 대해 아리스토텔레스는 논증에 의한 방법을 제시합니다. 아리스토텔레스는 귀납법이 학문이나 기술의 초기 단계에서는 필요한 수단임을 인정했지만, 그것은 완전성이 부족하다고 여겼습니다. 보편에서 특수로 나아가는 연역법이 확실한 지식을 부여한다고 보았던 거예요.

그리고 그 기본이 되는 형식이 '삼단논법'이었습니다. 삼단논법의 대표적인 예는 다음과 같습니다.

'모든 인간은 죽는다.'
'소크라테스는 인간이다.'
'그러므로 소크라테스는 죽는다.'

그래서 아리스토텔레스의 논리학이라고 하면 연역 추론, 특히 삼단논법을 가리키게 되었고 이것이 중세에도 계승되어 신학이나 철학의 문제들을 증명하기 위한 도구로 중요시되었어요. 그러나 이러한 아리스토텔레스 논리학에 대한 존중은 탐구적·발견적 방법을 소홀히 하는 결과를 낳게 되어, 아리스토텔레스 이후 2천 년 동안 과학의 진보를 지체시키는 결과를 낳았어요.

특히 베이컨은 아리스토텔레스의 연역법은 논리적으로 사람들을 설득하고 동의를 얻는 데에는 좋은 방법이나 자연에 대한 새로운 진리를 얻는 방법으로는 부적당하다고 보았습니다. 그리고 새로운 진리를 얻는 방법으로 '귀납법'을 강조하게 됩니다.

제2장 베이컨은 어떤 사람일까?

그런데 베이컨이란 이름, 어디서 들어보지 않았어?

맞다! 베이컨이라면 돼지고기 아니에요?

엄마가 샌드위치 만들거나 아빠 술 안주 만들 때 넣는 그 베이컨!

으이구~ 내 이럴 줄 알았어!

헉

이름은 같지만 먹는 베이컨이 아니라고~ 이 책에서 설명하는 베이컨은 바로 나 프란시스 베이컨이야!

쳇... 나는 먹는 베이컨이 더 좋은 데...

우리가 알고 싶은 사람 베이컨은 1561년 런던에서 태어났단다.

응애 응애

당시 영국은 엘리자베스 1세가 다스리고 있었어.

내가 바로 엘리자베스 1세 여왕이란다!

엘리자베스 여왕 이야기는 그냥 넘어가면 섭섭하겠지?

엘리자베스 1세는

나는 이미 결혼했다. 나의 남편은 잉글랜드다!

평생 독신으로 살았는데 스페인의 무적함대를 물리치고 유럽 해상권을 장악하며 신대륙으로 가는 길을 여는 등 많은 업적을 남겨 국민들의 사랑을 한 몸에 받았단다.

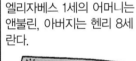

엘리자베스 1세의 어머니는 앤불린, 아버지는 헨리 8세 란다.

헨리 8세는 첫 번째 왕비인 캐서린과 이혼하고 앤불린과 결혼하기 위해 가톨릭을 버리고 영국 교회의 우두머리가 되겠다고 선언한 사람이지.

가톨릭 이혼불가

이것이 영국 성공회의 시작이잖아.

성공회

하지만 아들을 원했던 헨리 8세는 딸 엘리자베스가 태어나자 앤불린에 대한 사랑도 식고 말았어.

사랑이 변하니!

결국 앤불린은 왕후에 오른 지 1,000일 만에 런던 탑에서 간통죄로 참수형을 당하고 말았지.

1000日

999

그래서 '천일의 앤'이라고 부르기도 해.

천일의 앤 여기 잠들다

아버지 헨리 8세는 세 번째 결혼에서 드디어 원하던 아들 에드워드 왕자를 얻었단다.

그렇게 헨리 8세에게는 세 명의 자녀가 있었어.

메리 / 엘리자베스 / 에드워드

그러면 엘리자베스는 어떻게 왕이 되었을까?

아들 에드워드가 당연히 헨리 8세의 뒤를 이었지만

원체 약한 몸이라 몇 년 버티지 못하고 16세의 어린 나이에 세상을 떴어.

다음 왕위 계승자는 원한에 가득 찬 메리였는데 그녀는 바로 첫 번째 왕비 캐서린의 딸이었지.

흥! 감히 우리 어머니를 무시하다니!

성공회

메리는 아버지와 영국 성공회에 대한 반감으로 종교적 탄압을 가하고 신자들을 처형했는데, 이 때문에 '피의 메리' 또는 '잔혹한 메리'라는 별명을 얻게 되지.

앤 불린을 위해 만들어진 성공회 놈들을 가만두지 않겠다!

아이고, 살려주세요.

하지만 메리 역시 재위 5년 만에 병으로 죽고 말아.

쳇─

그리고 그 뒤를 이어 왕위에 오른 사람이 바로 엘리자베스 1세였던 거지.

이런 엘리자베스를 둘러싼 이야기는 워낙 흥미진진해서 영화로 만들어지기도 했단다.

절찬 상영중

극장

자, 그럼 이제 본격적으로 베이컨을 만나 보자고!

와! 두근거려요!

베이컨은 좋은 집안에서 태어나 어려서부터 교육을 잘 받고 자랐지.

아빠인 나는 국새를 관리하는 높은 관직!

엄마인 나는 권력가 집안 출신!

머리도 좋고 왕성한 지식욕을 가졌던 베이컨은 12세에 케임브리지 대학에 입학하게 돼.

하지만 베이컨은 대학 생활에 썩 만족하지 못했어. 왜 그랬을까?

쳇

당시 대학은 아리스토텔레스 철학이 주도하고 있었는데 베이컨은 아리스토텔레스 철학을 좋아하지 않았던 거야.

아리스토텔레스 "짱"

우리 실제 생활에 도움도 안 되는 걸 배워야 하다니…!

결국 베이컨은 대학을 그만두고 아버지의 권유로 프랑스에 있는 영국 대사의 수행원 직을 맡게 되지.

그러다가 1579년 갑작스러운 아버지의 죽음으로 영국에 돌아오게 되었어.

유산도 안 남기시다니….

이제 스스로 생계를 책임져야 했던 베이컨은 법학을 공부해서 1582년 변호사 자격을 얻었지.

열공

열심히 해야 해!

그리고 베이컨은 1584년 의회에 진출했어.

사실 난 정치적 야심이 컸거든.

의회

그러나 1593년 스페인과의 전쟁 비용으로 특별보조금을 요구하는 왕실에 반대하면서 엘리자베스 여왕의 눈 밖에 나게 돼!

반대!

저 게….

그 후 엘리자베스 여왕 아래서의 베이컨의 정치적 앞날은 쉽게 풀리지 않았지.

한편, 엘리자베스 1세의 총애를 받던 에식스 백작과 관련된 일이 있어.

내가 바로 에식스야.

그는 베이컨의 먼 친척이자 베이컨을 후원하던 은인이었어.

오~ 고마워요!

에식스는 일이 잘 풀리지 않았던 베이컨을 위로하기 위해 큰 땅을 선물할 정도로 베이컨을 아꼈다고 해.

선물

하지만 잘 나가던 에식스도 위기를 맞게 되지.

으악!

낭떠러지

아일랜드 반란군을 진압하러 갔던 에식스는 여왕의 허락도 없이 반란군과 불리한 조약을 체결해 버렸어.

아주 저 게?

여왕의 노여움을 산 에식스 백작은 결국 모든 관직을 박탈당하고 내란을 주도한 혐의로 체포되었지.

호엉

이 사건에서 베이컨의 모습을 엿볼 수 있는데

당시 여왕의 법률고문으로 일했던 베이컨은 놀랍게도 은인인 에식스를 기소하는 데 적극적으로 참여했다고 해.

에식스는 유죄다!

아니… 어떻게 네가 나한테 이럴 수 있어?

베이컨의 모습이 실망스럽지?

으악!

그러나 러셀은 베이컨에 대한 이런 부정적 평가는 옳지 않다고 했어.

STOP

에식스가 왕에게 반역한 이상 그를 도우면 베이컨도 반역자가 되는 거나 마찬가지야!

그러므로 에식스를 배반했다고 해서 비난받는 것은 부당하다는 거야.

이제 그만 오해를 풀어 줘.

베이컨의 정치적 야망은 제임스 1세가 왕위를 계승한 후 빛을 보게 돼.

내가 바로 제임스 1세야.

왕실과 의회의 대립 속에서 베이컨은 왕실의 이익과 정책을 옹호하는 편이 되거든.

난 제임스 1세 편.

오호~

이러한 베이컨은 제임스 1세의 신임을 얻게 되고 탄탄대로를 걷게 된 거지.

야호~

그의 승진을 보면, 1607년에는 법무차관, 1613년에는 법무장관, 1617년에 국새상서의 자리에 오르고 1618년에는 대법관이 되었지.

그리고 베룰럼 남작, 세인트 올번스 자작 칭호를 얻었어!

법무차관 1607
법무장관 1613
국새상서 1617
1618
대법관

남작은 뭐고 자작은 뭘까? 몽테크리스토 백작할 때 백작보다 높냐고?

서양 귀족의 등급은 공작이 제일 높아.

그 다음 후작.

백작.

자작.

남작 순이지.

어쨌든 베이컨이 승승장구했다는 거지.

이 시절 베이컨은 충성을 다해 왕의 특권을 보호했어. 덕분에 왕의 총애를 받아 풍요로운 생활과 위엄을 갖추었지.

이제 나도 살 만하다고~.

그러나 그는 이 훌륭한 지위에 불과 2년밖에 머물지 못했어.

케엑~!

왜 그랬을까?

2년

마치 현관 앞에 놓여 있는 조간 신문 기사 제목 같지?

승승장구하던 사람이 한순간에 몰락하는 일들을 우리도 종종 뉴스에서 보곤 하잖아.

오늘날 우리가 뉴스에서 보는 사건과 별반 다르지 않은 사건!

기억이 안 납니다.

저 죽일 놈…

바로 베이컨이 뇌물을 받은 사건 때문이란다.

당시 왕실과 의회의 대립이 격화되면서 왕실의 특권을 옹호했던 베이컨은 의회의 공격 목표가 되었어.

으악!

왕실

재판에 관련된 사람들로부터 뇌물을 받았다고 의회파로부터 고소를 당하게 된 거야.

고소 고소 고소

베이컨은 선물을 받은 것은 시인했어.

흠흠...

하지만 그 의도는 순수한 것이었고 그 선물이 재판에 영향을 끼치지는 않았다고 주장했지.

난 공정하다고~

내가 퇴장이라고요?!

나아가 그 당시 재판관들이 선물을 받는 것은 관행이었다고 주장했어.

이건 늘 버릇처럼 해오던 것이란 말이야!

그러나 결국 베이컨은 무려 28가지 죄목으로 고소를 당했어.

흐엉~

베이컨은 재판 과정에서 자신의 죄목을 모두 시인했고 결국 유죄 판결을 받았단다.

유죄!

탕

이때 베이컨은 이렇게 말했지.

니콜라스 베이컨 경 이후 대법관이 다섯 번이나 바뀌는 동안 내가 가장 공정한 대법관이었다!

하지만 자신에 대한 유죄 판결도 최근 2백 년 동안 내린 판결 중 가장 공정한 판결이었다고 했다는구나.

자신의 죄를 시인한 셈이지.

자백

베이컨은 결국 4만 파운드의 벌금, 왕이 지시하는 동안 런던 탑에 감금, 법정에서 영원히 추방당하며 더 이상 관직을 가질 수 없다는 선고를 받았어.

그러나 이 선고는 일부만 집행되었다고 해. 벌금을 지불하라고 강요당하지도 않았고, 단지 4일 동안만 탑에 감금되었대.

에이~ 그게 뭐예요. 그건 처벌도 아니잖아요.

하지만 한 가지는 지켜졌지.

?

베이컨은 다시는 공직에 발을 들여놓지 못했어.

베이컨이 뇌물을 받은 공직자라니… 혹시 너무 실망한 거 아니야?

이거 원….

그러나 러셀은 베이컨이 그의 선배 격인 토머스 모어(1477~1535)처럼 특별히 훌륭한 사람은 아니었지만 그렇다고 유난히 나쁜 사람도 아니었다고 평해.

베이컨은 당시 사람들에 비해 도덕적으로 더 나을 것도 없고 못할 것도 없는 평범한 사람이야.

더 나을 것이 없다니 좀 서운한걸?

베이컨은 죄가 많아서가 아니라 일종의 당파 싸움으로 인해 처벌을 받은 셈이라는 거지.

왜 하필 나야~.

베이컨의 주장처럼 당시 대부분의 법관들은 양쪽에서 뇌물을 받곤 했으니까.

그래, 맞아! 난 억울해.

하지만 관행을 깰 줄 아는 좀 더 도덕적인 인물이었다면 더 멋졌을 것 같지?

윽!

참, 러셀이 베이컨과 비교했던 토머스 모어는 그 유명한 《유토피아》라는 책의 저자야.
엘리자베스 1세의 아버지인 헨리 8세 때 인물이란다.

안녕, 얘들아!

내가 바로 토머스 모어야.

Utopia

헨리 8세의 이혼과 가톨릭 교회에서의 이탈에 끝까지 반대하다가 런던 탑으로의 유배 끝에 결국 처형된 인물!

그래서 내 비극적인 최후는 '영국의 소크라테스'로 극화되었을 정도야.

그런데 러셀은 왜 굳이 베이컨을 토머스 모어와 비교한 걸까?

….

그건 아마도 모어가 당시 사람들과 달리 전혀 뇌물을 받지 않았기 때문일 거야.

난 베이컨과 달리 뇌물을 받지 않았다고!

사실 토머스 모어와 베이컨은 공통점이 많아 비교하는 사람들이 있어.

둘 다 뛰어난 가문 출신으로 법을 공부하고 정치가로 진출했거든.

앗!

이런!

또한 비교적 젊은 나이에 공직에 진출했고 대법관의 자리에 올랐어.

우리는 엘리트~.

거기에다 둘 다 기소되어 런던 탑에 갇혔으며 당대의 사상가로 자리 매김했지. 모어는 자신의 신념에 따라 죽었고 베이컨은 실험 과학에 헌신하다 죽었어.

호오~

그러나 둘의 공통점은 외적인 것으로 끝나고 말아. 모어는 성실하고 관용 있는 사람으로 존경받지만 베이컨은 결코 존경받을 만한 사람이 아니라는 얘기야.

모어 짱!

모어 최고~

조금 아쉬운 대목이지?

2% 부족

공직을 떠나 시간이 많아진 베이컨은 남은 시간을 책을 쓰고 연구활동 하는 데 썼어.

《뉴 아틀란티스》, 《헨리 7세 치세사》, 《자연사 및 실험사》, 《삶과 죽음의 역사》와 같은 저서들이 쏟아져 나온 게 바로 이때란다.

헨리 7세 치세사

자연사 및 실험사

뉴 아틀란티스

삶과 죽음의 역사

그러나 베이컨의 저술 활동이 이 시기에 한정된 것은 아니야.

난 평소에도 열심이지~.

대표적 작품인 《신논리학》의 경우도 1620년 대법관 시대에 출판되었거든.

난 1620년 생이야!

1620

신논리학

베이컨의 죽음 또한 베이컨 삶의 한 면을 보여준단다.

난 죽는 순간까지도 남달랐거든.

늘그막의 베이컨은 런던 교외의 별장에서 은거 생활을 하고 있었어.

1626년 3월, 눈이 펑펑 내리던 어느 날 런던으로 마차를 타고 나갔다가 어떤 주부가 닭을 요리하는 것을 보았어.

앗! 닭요리를 하고 있잖아?

베이컨은 문득 이런 의문이 떠올랐대.

고기를 눈 속에 묻어두면 과연 얼마 동안이나 썩지 않을까?

베이컨은 마차에서 내려 양해를 구하고 그 닭을 건네 받아 눈 속에 묻었는데

과연 눈이 소금과 같은 방부제 역할을 하는지 알고 싶어서였어.

그때 베이컨은 눈보라 속 실험으로 인해 기관지염에 걸렸는데

콜록!

콜록!

그것이 원인이 되어 사망했단다.

베이컨 잠들다

물론 그 일 자체는 실험이라 할 정도의 것은 아니지만 베이컨의 사망과 관련된 유명한 일화지.

정말 열정이 대단하셨네요.

하하

베이컨은 정치가이자 철학자였어.

난 명함이 두 개야~.

정치가 베이컨 철학자 베이컨 Tel-xx-xxx HP-xx-xxx

철학자로서의 면모는 그의 저서들을 통해 엿볼 수 있지.

베이컨의 대표적인 저서는 《수필집》, 《학문의 진보》, 《뉴 아틀란티스》 그리고 《신논리학》이 있어.

수필집  학문의  뉴 아틀란티스  신논리학

그의 나이 36세 때 나온 수필집에는 여러 가지 주제들이 있지만 그중 '행운'에 대한 부분을 얘기해 주고 싶어.

행 운

베이컨은 외부의 우연으로 인해 행운을 얻는 경우를 인정해.

와~ 돈이다!

하지만 인간의 운명은 주로 자기 손안에 있다고 했어.

행운

그리고 베이컨은 이렇게 말했지.

사람은 모두 자신의 운명을 만드는 목수다!

또한 베이컨은 행운의 길이 하늘에 있는 은하수와 같다고 했어.

행운

왜 은하수가 행운의 길이라고 했는지 궁금하지?

행운의 길

은하수는 무수히 많은 작은 별들의 모임이야.

어서들 와.

하나하나 떨어져 있을 때는 잘 보이지 않지만

서로 합해지면서 빛을 발하지.

마찬가지로 그 사람이 갖고 있는 거의 눈에 띄지 않는 덕성, 능력, 습관이 많이 모여져서 행운을 가져 온다는 거야.

행운

덕성

습관

능력

소소한 것 같지만 좋은 덕성, 능력, 습관을 키워 나가야겠지?

스스로 행운을 만드는 멋진 목수가 되길 바라.

이상

베이컨의 《뉴 아틀란티스》라는 책은 베이컨이 죽은 뒤에 출판되었어.

뉴 아틀란티스

이 책은 잃어버린 전설의 땅 아틀란티스에 도착한 사람들의 여행기 형식을 띤 또 다른 유토피아 이야기지.

베이컨의 이상향은 발명과 발견으로 가득한 왕국이야.

이 섬에는 많은 과학자들이 활동하는 '솔로몬의 집' 이라 는 연구소가 있어.

솔로몬의 집

이 연구소의 목적은 자연을 연구하여 그 결과를 인간에게 유용한 기술과 도구를 발명하는 데 응용하는 거야.

원시인이 불을 다룸 으로써 밤에도 활동할 수 있듯이 말이야.

그런데 '솔로몬의 집'에서 연구한 내용의
대부분이 현대에 실현되고 있는
첨단 과학기술이 되었다고 해.

비행기나 잠수함,
수명을 연장하는 의약품, 본래
종보다 크게 또는 작게 만드는
유전자 조작술도 연구되었지.

심지어 인체에 사용할 약의 효능과 안전성을
판단하기 위해 동물 실험이 행해지기도 했대.

이 솔로몬의 집은 나중에 영국 왕립학회를 설립하는 데
모델이 되기도 했어.

하하하! 어때?
내 업적 대단하지?

왕립학회

하지만 앞에서 얘기했듯이 베이컨에 대한
인간적인 평가는 그다지 좋지 않아.

윽…!
잘 나가다 또
그 얘기야?

베이컨의 '학문의
대혁신'은 계획에
그쳤고

베이컨 스스로가 과학주의자이면서도
당시의 신과학을 충분히 알지도 평가하지도
못했다고 해.

과학자가
그것도 몰라?

베이컨은 당시 코페르니쿠스의 지동설조차도 받아들이지
않았고 케플러의 행성 운동 법칙에 대한 것도 잘 알지
못했어.

으악, 창피해~.

또한 자신을 치료해 준 의사 하비의 혈액 순환에 관한
이론에 대해서도 알지 못했대.

어휴~
답답해.

쥐구멍
없나….

이러한 학자로서의 결점을 가진 베이컨은 정치인으로서는 야심가이며 술책가였다고 해.

에식스 백작에 대한 배은망덕, 대법관 자리에서 받았던 뇌물 등의 인간적인 오점도 그렇고 말이야.

시인 포프는 베이컨을 두고 이렇게 말했어.

가장 현명하고 명석하지만 가장 비열한 인간이다!

또한 러셀은 이렇게 말했지.

베이컨이 만일 세속적인 성공에 관심이 조금만 적었더라면 한층 뛰어난 사람이 되었을 것이다.

하지만 베이컨이 이룬 업적을 무시해서는 안 돼.

앗! 드디어 칭찬이야?

분명한 것은 베이컨이 중세시대에 무시되었던 자연과학을 인류의 행복과 연결되는 중요한 것으로 파악했다는 점이야.

그리고 베이컨의 경험과 관찰을 중시한 귀납법이 근대 과학 정신의 초석이 되었다는 사실도 잊지 말아야지.

베이컨의 정신을 본받아야 해!

사람들은 베이컨을 근대 경험론의 선구자로 평가한단다.

근대 경험론

이러한 베이컨의 탐구는 영국 왕립학술원과 프랑스 계몽주의시대 《백과전서》의 집필자인 디드로와 달랑베르에게도 영향을 주었다고 해.

베이컨은 경험론의 선구자로서

그의 사상은 우리 같은 후대의 사상가들에게 많은 영향을 끼치게 돼.

이제 베이컨에 대해서도 알아 봤으니 본격적으로 들어가 볼까?

네!

《신논리학》역시 쉽지 않은 책이야.

헉!

베이컨은 《신논리학》에서 아리스토텔레스와 플라톤의 철학에 대해 많은 비판을 해.

당신의 철학이 완벽한 건 아니야!

으…!

우리는 아직 아리스토텔레스와 플라톤의 철학에 대해서도 잘 알지 못하는데 비판하는 내용이라니 이해하기가 쉽지 않겠지?

아아아~

벌써부터 머리가 아파!

더군다나 베이컨은 당시 많은 철학적·과학적 용어들을 들어 자신의 논리를 전개해.

으악~!

그렇다고 너무 겁먹지는 마.

알고 나면 별거 아냐.

우리 함께 차근차근 베이컨의 논의를 따라가 보자꾸나.

논의

# 제3장

# 왜 '새로운 논리학'이 필요할까?

베이컨은 《신논리학》 머리말에서 굉장히 큰 오벨리스크를 옮기는 이야기를 해.

그런데 오벨리스크란 도대체 무엇일까?

오벨리스크는 이집트 왕조시대에 태양 신앙의 상징으로 무덤이나 신전 앞에 세운 높다란 기념탑이야.

우리 이집트의 유산이라고~.

이것은 붉은 화강암 한 덩어리를 깎고 갈아서 만들었는데

기둥 면에는 상형문자로 국왕의 공적이나 태양신에 대한 찬양이 새겨져 있어.

그런데 왜 이집트인들은 오벨리스크를 바벨탑처럼 높고 거대하게 만들었을까?

엇!

오벨리스크

바벨탑

이집트인들이 오벨리스크를 세운 데에는 태양에 가까이 다가가려는 염원이 담겨 있었어.

태양신이여~

현대의 고고학자들은 오벨리스크가 너무 거대하기 때문에 코끼리와 굴림대 등을 이용해 세웠다고 보고 있지.

인간의 힘만으로는 도저히 불가능하거든.

그러나 오벨리스크를 어떻게 똑바로 세웠는지는 아직도 베일에 싸여 있어.

X파일

이탈리아 로마의 성베드로 광장에도 오벨리스크가 서 있는데

이 오벨리스크의 경우 그 자체만으로도 높이가 24미터, 무게가 무려 320톤이나 된대.

헉... 크다!

현재의 위치로 운반할 때 45개의 감아올리는 기계와 160마리의 말, 800명의 작업 대원을 동원하여 일을 했다고 하니 그 규모를 짐작할 만하지?

×45    ×160    800×

그런데 이집트 유물인 오벨리스크가 어째서 성베드로 광장에도 있는 것일까?

엇! 그러고 보니?

모조품 아니에요?

그렇지 않아. 성베드로 광장에 있는 오벨리스크는 로마 제국 시대에 이집트에서 직접 가져온 거야.

성베드로 광장    이집트

뿐만 아니라 런던 템스 강변, 파리 콩코르드 광장, 뉴욕 센트럴 파크에도 이집트 유물인 오벨리스크가 서 있단다.

정작 우리 이집트에는 오벨리스크가 몇 안 남아 있는 실정이지….

그런데 베이컨은 이런 큰 오벨리스크를 옮기는 일을 상상해 보라고 하지.

음…! 위험할 것 같은데요?

실제로 오벨리스크를 옮기는 과정에서 사람들이 여럿 죽기도 했어.

그런데 이것을 옮기는 데 여러 사람들이 무턱대고 '빈손'으로 달려든다고 생각해 보라는 거야.

우르르

그러면 모두 정신 나간 사람들이라고 생각하겠지?

저런~ 정신 나간 것들. 쯧쯧….

웃샤 웃샤

설사 일꾼을 더 많이 끌어모아 그 일에 성공한다 하더라도 여전히 정신 나간 사람들의 일로 보이기는 마찬가지지.

저걸 맨손으로 옮기다니 믿을 수 없어~.

또한 머리를 쓴다고 노약자는 빼고 힘센 사람만 선발해서 한다 해도 맨손으로 덤비는 것은 똑같아.

혹시 나처럼 힘이 세면 모를까~.

손

그럼 어떻게 해야 할까?

바로 기계나 도구의 도움을 빌리라는 거야!

도구를 사용하는 것은 직립보행하는 인간들의 장점이잖아?

기계나 도구의 도움 없이 사람 손만 가지고는 아무리 많은 사람들이 협동하더라도 대사업을 감당할 수 없는 법이라는 거지.

맨손으로 오벨리스크를 옮기는 것은 사람들이 맨손으로 아파트를 짓는 것과 같아.

그런데 베이컨은 왜 느닷없이 오벨리스크를 옮기는 이야기를 꺼낸 걸까? 왜 《신논리학》을 시작하면서 고대 이집트 유물 오벨리스크를 옮기는 이야기를 꺼낸 거지?

혹시 저를 아세요?

신논리학

헤헷… 여기엔 다 이유가 있다고~.

베이컨은 기계의 도움이 필요한 작업을 아무런 도구도 없이 맨손으로 달려들 경우 아무리 열심히 공을 들여도 제대로 해낼 수 없는 것처럼

휴, 꿈짝도 하지 않아…!

'지적인 작업도 그렇다.'라고 말하고 싶었던 거야.

도구가 필요해.

베이컨은 '손도 도구가 있어야 일을 할 수 있듯이 지성도 도구가 있어야 일을 할 수 있다.'고 봤어.

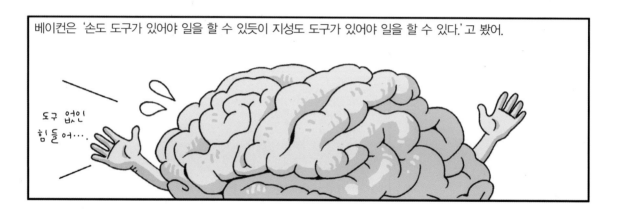

도구 없인
힘들어….

도구를 쓰면 작업이 훨씬 효율적이고 결과가 좋은 것처럼 말이야.

인간의 정신도 도구를 사용하면 지성이 촉진되거나 보호된다고~.

그러니까 지적인 작업, 즉 학문도 오직 정신의 힘만 가지고 덤벼들어서는 제대로 할 수 없다는 거지.

군인이 전쟁터에 총 없이 나가는 것처럼 말이야.

그런데 당시 학자들은 단순히 사람을 많이 모아서 서로 협동하거나

어떻게 해야 하지?

우수한 지성에 기대어 위대한 성과를 얻고자 했어.

내가 시키는 대로 해.

오~ 그래! 가장 현명한 사람을 따르자!

베이컨은 이에 대해 오직 열심히 노력하는 것 말고는 지성을 사용할 방법을 알지 못하는 상태라고 진단한 거야.

저런 저런….

이 많은 사람들이 고민하면 뭔가 나오겠지….

그러면서 베이컨은 당시 학문 풍토에 대해 몇 가지 비판을 가해.

너희들은 문제가 있어!

첫 번째는 독단론자들에 대한 비판이야.

일단 당신!

뭣‥ 나?

여기서 말하는 독단론이란 무엇일까?

독단론?

퀴즈

독단론은 충분한 근거나 증명 없이 자신의 학설만이 진리라고 고집하는 것이야.

무조건 내 말이 맞아!

불완전한 점이나 잘못된 점을 검토하지 않고 주관적 편견으로 어떤 판단을 주장하는 것이지.

불완전요소

논리

잘못된 점

근거

쓰레기통

저것들은 검토 안 해?

내 말이 맞는데 뭐하러 검토해.

독단론자들의 그런 주장은 자기 스스로도 몰라서 그런 것이거나 교만해서 그랬던 것일 수도 있어.

모르면 가만히나 있지.

하 하 하

하지만 어쨌든 학문에는 큰 폐해를 가져왔다는 거야.

독단론

학문

또한 독단론자들은 성급하게 결론을 내려서 자연에 대한 객관적인 탐구를 방해하고 간섭해 왔지.

꽃에 대해 연구하고 싶어서 왔는데….

내가 꽃에 대한 연구결과를 발표했으니 더 이상 연구할 필요가 없어!

출입금지

게다가 정작 자신들의 능력으로는 성과를 내지 못했어.

끙

한편 독단론자들과 반대의 길로 나아간 사람들이 있었는데

그들이 바로 회의론자들이야.

회의론자들은 인간이 자연의 원리나 법칙에 대해 아무것도 알 수 없다고 주장해.

어차피 알 수 없는 걸 연구해서 뭐합니까?

이들은 인간의 인식이 주관적이거나 상대적이어서 인간의 인식 능력으로는 보편타당한 진리를 얻을 수 없다고 보았거든.

내 눈에 보이고 내가 판단한 것은 모두 내 기준일 뿐이야. 진리가 아니라고….

여기서 주관적, 상대적이라는 말도 은근히 어렵지?

주관적이란 말은 객관적이라는 말의 반대야.

예를 하나 들어 볼까?

'저 펜은 검은색이다.'는 객관적 사실이야.

명확하지?

그러나 '검은색 펜은 마음에 든다.'라든가 '검은색 펜은 예쁘지 않다.' 처럼 개인적 느낌이나 의견이 들어가면 주관적이 되는 거지.

이거 어때?

내 주관적 느낌으로는 별로야.

신논리학

그럼 상대적이란 말은 무슨 뜻일까?

상대적이란 다른 것과 대립, 비교가 되는 관계에 있는 경우야.

저 녀석 떡이 더 커 보이는데….

'내 키는 160센티미터이다.' 란 말은 절대적인 말이야.

내 키는 160센티미터 이다.

절대적

하지만 상대적이란 말은…

흥! 내 키는 175인데 네 키는 160이라니 참 작구나?

윽…! 그럼 난 작은 건가?

그렇지 않아. 내 키는 155인데 너는 160이니 키 커서 좋겠다.

엥? 그럼 나는 키가 큰 편이야?

이런 경우가 바로 상대적인 표현이 되는 거지.

아~ 그럼 나는 상대적으로 클 수도, 작을 수도 있는 거구나!

이제 주관적, 상대적이라는 말이 이해가 가지?

네!

베이컨은 회의론자들 역시 학문의 발전을 방해해 왔다고 보았어.

독단론

회의론

학문

진리를 알 수 없다고 주장하게 되면 탐구의 의미가 없어지니 학문의 발전을 가로막을 수밖에 없거든.

베이컨은 그리스 초기 자연철학자들의 학문 자세를 높이 샀어.

그들은 독단론의 교만에도 빠지지 않고, 회의론의 절망에도 빠지지 않았다는 거야.

무엇을 알아낼 수 있을까 하는 문제를 토론이 아닌 경험으로 결정하는 것이 최선의 방법이라고 생각하고 탐구를 한 점을 높이 산 거지.

하지만 베이컨은 자연철학자들에게도 문제가 있었다고 주장해.

이들 역시 오로지 지성의 힘으로만 사색에 집중하고 정신 활동을 부지런히 하는 것으로 학문을 해 왔다는 점은 마찬가지였다는 거야.

결국 베이컨은 학문에서 거의 모든 문제점의 원인은 오직 하나라고 보았어.

그것은 바로 인간 정신의 능력을 무작정 찬양하면서 그 '올바른 보조 수단'을 구하지 않는 거야.

당시 학문하는 사람들은 인간의 '사색과 고찰과 논쟁'을 중시했어.

사색 고찰 논쟁

이게 최고로 중요해!

그러나 베이컨은 사색과 논쟁은 과대 망상을 불러올 뿐, 그렇게 해서는 자연을 제대로 이해하고 관찰할 수 없다고 보았어.

분명히 지금의 벼락은 신이 내리는 천벌일 거야.

그러므로 당시 학문은 성과를 얻는 데 전혀 쓸모가 없고, 당시의 논리학은 학문을 인도하는 데 전혀 도움이 되지 않는다는 것이었지.

올바른 학문의 길

대체 어디를 가는 거야?

윽!

오히려 당시의 논리학은 진리를 탐구하기보다는 오류들을 강화하는 실정이라고 했어.

벼락을 맞지 않기 위해 신이 싫어하는 행동을 알아내야 해!

그러므로 이로움은 없고 해로움만 있다는 거지.

피뢰침을 만들 생각은 꿈에도 못하니까 말이야.

베이컨은 자연에 대한 경험과 관찰을 중시했어.

그래서 인간 이성의 힘으로 논리적인 증명을 하려 했던 아리스토텔레스의 연역법을 비판하는데

윽! 또 나야?

특히 베이컨은 아리스토텔레스의 삼단논법에 대해 강한 비판을 해.

삼단논법

베이컨은 삼단논법이 학문의 원칙으로
적합하지 않다고 보았어.

논리적인 추론으로는 인간의 동의를 얻어낼 수
있을지 몰라도 자연에 적용될 수는 없다는 거지.

익!

삼단논법은 인간이
인간을 설득시키는
데에만 유용해!

앞에서 얘기했듯 삼단논법은 연역법의
한 방법인데 보통 대전제와 소전제 그리고
결론으로 구성되지.

'모든 사람은 죽는다.',
'소크라테스는 사람이다.'

여기까지가
대전제와
소전제지.

그러므로 '소크라테스는
죽는다.'와 같은 방식이
대표적이야.

하지만 베이컨은 이것을, 대전제인 '모든 사람은 죽는다.' 소전제인 '소크라테스는 사람이다.'가 참일 경우
결론인 '소크라테스도 죽는다.'가 참이라는 것을 알려 주는 논리적 증명일 뿐이라고 생각했어.

그저 결론을
뒷받침할 뿐 새로운
사실은 아니잖아?

물론 당시에도 베이컨 외에
자연에 깊은 관심을 가져온
사람들이 있어.

너만 자연에 대해
관심 있는 줄 알아?

그들은 바로 기술자, 수학자,
의사, 연금술사, 마술사 등이지.

당시에는 연금술사와 마술사도 학문하는
사람으로 보았어.

헤헤… 조금
쑥스러운데?

그러나 베이컨은 이들도 노력이 부족하고 이렇다 할 성과도 내지 못했다고 보았어.

뭣들 하는 거야!

게다가 이미 얻어낸 성과들조차도 학문의 공로라기보다는 우연과 경험 때문이라고 보았지.

20점이나 맞았지!

당시 학문은 이미 발견한 것을 정교하게 배열하는 것일 뿐 발견의 방법도 아니고 새로운 성과를 기대할 수 있는 것도 아니라는 거야.

이렇게 해서는 안 돼! 공식도 모르고 있잖아!

그러므로 베이컨은 지금까지 시도한 적이 없는 '새로운 방법'을 동원해야 한다고 주장했어.

전술을 바꾼다!

베이컨의 유명한 말 알지?

아는 것이 힘이다!

이 말은 다시 말해 '인간의 지식이 곧 인간의 힘'이라는 뜻이야.

인간이 자연에 대한 정확한 지식을 갖게 되면 그것이 곧 인간이 자연을 사용하고 지배할 수 있는 힘으로 작용한다는 거지.

지식

베이컨은 인간이 자연에 대해 실제로 관찰하고 고찰한 것만큼 지식을 얻고 이해할 수 있다고 보았어.

아! 제비가 낮게 날면 비가 오는구나!

그런데 베이컨이 말한 새로운 방법은 도대체 무엇일까?

새로운 방법이오?

베이컨은 자신의 《신논리학》이 바로 자연에 대한 탐구를 위한 '지적인 작업을 돕는 도구'가 될 거라고 보았는데

신논리학

이러한 베이컨의 새로운 방법은 바로 '귀납법'이야.

삼단논법

귀납법

베이컨은 자신의 방법이 '새로운 길로 지성을 인도하는 안내인 역할'을 담당하게 될 것이라고 했어.

따라들 오라고~.

귀납법

지성을 위한 새로운 길

또한 학문을 육성하는 방법과 그것을 발견하는 방법으로 구분한다면 자신의 방법은 '학문을 발견하는 방법'에 속한다고 보았지.

육성방법

발견방법

난 이쪽 소속이야!

귀납법

그러면 베이컨의 방법은 어떤 사람에게 도움이 되는 방법이에요?

그것은 이미 발견한 것에 안주하거나 그것을 이용하는 데 그치지 않고 더욱 깊이 연구하고자 하는 사람이나

더 들어가 봐야 해….

논쟁으로 반대자를 이기려고 하는 것이 아니라 행동으로 자연을 정복하고자 하는 사람,

분명히 실패할 거야.

결과로 증명하는 수밖에.

지레 짐작이 아니라 분명하고 확실한 지식을 얻고자 하는 사람들이지.

지진이 일어나는 정확한 원인을 알고 싶어!

베이컨은 이전까지의 학문 방법과 자신의 방법을 구분하고자 했는데, 이전의 학문 방법이 '정신의 예단'이라면 자신의 방법은 '자연의 해석'이라고 했어.

여기서 예단이라는 말은 예상, 직감 같은 의미야.

그러므로 정신의 예단이라는 말은 자연에 대한 깊이 있는 탐구 없이 정신이 성급하게 내린 결론이나 정확하지 못한 지식을 의미하는 거지.

이에 비해 자연의 해석이라는 것은 《신논리학》에 따라 정확하게 자연을 탐구하여 자연의 법칙이나 원리를 파악하는 것을 말하는 거지.

예단은 몇 안 되는 사례, 그것도 흔히 볼 수 있는 사례로부터 도출된 것이기 때문에 사람들의 이해가 쉽고 상상력을 쉽게 만족시켜 주게 돼.

그래서 예단과 논리학은 자연의 해석보다 사람들의 이해와 동의를 얻기는 더 쉽다고 보았어.

그러나 문제는 자연에 대한 올바른 지식에는 미치지 못한다는 거지.

베이컨은 이에 '근본에서부터 혁신이 필요하다.'고 진단했어.

근본에서부터 혁신이 필요하다고? 지금 우리 고대 철학 창시자들을 완전히 무시하는 거야?

진정해. 베이컨은 근본에서부터 혁신을 주장한다고 해서 그것이 고대 철학 창시자들의 명예를 훼손한다고 생각할 필요는 없다고 했어.

워워~

왜냐하면 베이컨의 관심사는 그들과 지능이나 능력을 비교하는 것이 아니라

바로 방법을 비교하는 것이었지.

또한 베이컨의 방법은 재판관으로서가 아니라 안내자로서의 역할이기 때문이야.

이쪽으로 드시지요~.

물론 베이컨은 자신이 주장하고 있는 바를 설명하는 것이 쉬운 일은 아니라고 생각했어.

왜 이쪽으로 가야 하지?

그래서 사람들을 개별적인 것으로 인도해 그것들의 계열과 순서를 보여 주는 방법으로 자신의 방법을 설명하고자 해.

순서를 알면 쉬워.

대신 그 전에 베이컨이 사람들에게 부탁하고 싶은 것이 있어.

잠깐.

?

자신의 철학을 열린 마음으로 판단해 달라는 거야.

헉!

완전한 지식을 얻고 싶다면 자신이 제시한 길로 조금이라도 직접 나아가 보고 경험에 의해 명확하게 드러나는 자연의 섬세함을 직접 느껴 보라는 거지.

자연의 섬세함

그리고 정신에 깊이 뿌리 박혀 있는 악습을 적당한 시기에 마땅히 해야 할 고민을 거쳐 고쳐 달라는 거야.

그리고 나서 어떤 판단이라도 내려 달라는 것이 내 주문이었어.

그럼 우리도 베이컨이 제시하는 길로 나아가기 위해 우선 열린 마음을 가져야겠지?

네! 전 준비됐어요!

새로운 사람을 만나는 일, 새로운 주장을 접하는 사람에게 필요한 첫 번째 마음가짐이 바로 열린 마음일 거야.

그렇다면 베이컨이 말하는 '정신 깊이 뿌리 박힌 나쁜 습관'이 무엇인지 먼저 확인해 보아야겠지?

제4장 종족의 우상
- 인간 지성의 한계

《신논리학》으로 자연을 탐구하는 길에 들어가기 전에 먼저 할 일이 있어.

?

무슨 일이든 본격적으로 들어가기 전에 준비과정이 필요한 법이잖아.

우리가 공부를 할 때도 바로 시작하지 않고 먼저 뭘하지?

어수선~

!

그래. 보통은 어수선한 방을 정리하고 청소부터 하지. 이것은 정돈된 환경과 집중할 수 있는 분위기를 조성하기 위해서야.

가끔은 청소에 시간을 다 써버리는 부작용이 생기기도 하지만 말이야.

그럼 우리가 먼저 할 일은 무엇일까?

우리가 진리에 도달하는 것을 가로막고 방해하는 것들이 있거든. 내가 우상이라고 했던 바로 그것 말이야.

맞다, 우상! 기억나요.

그래. 바로 그 우상을 살펴보는 거야!

우상

우상에 대해 알아야 피할 수 있겠지?

우상

우상

우상

그래서 베이컨은 자연에 대한 올바른 지식을 얻는 데 우상에 대한 연구가 매우 중요하다고 보았어.

적을 알고 나를 알면 백전백승이다!

왜냐하면 우상으로부터 자신을 지키지 않는 한, 학문을 혁신하려 해도 곤경에 빠지고 말 테니까 말이야.

학문의 혁신

우상

우상

베이컨이 우상을 몰아낼 수 있는 확실한 대책이라고 본 것은 바로 참된 귀납법이었어.

척

뜨악!

참된 귀납법

그러나 우선 그러한 우상을 찾아내는 것만으로도 대단히 유익한 일이 될 거라고 보았지.

찾았다!

우상

헉!

마치 소피스트들의 궤변을 연구하는 것이 논리학 공부에 도움이 되는 것처럼 말이야.

잘못된 것을 알아야 그것을 피할 수 있거든.

베이컨이 인간의 정신을 사로잡고 있다고 본 우상은 네 종류야. 베이컨은 편의상 여기에 이름을 붙였어.

바로 종족의 우상, 동굴의 우상, 시장의 우상 그리고 극장의 우상이지.

종족 동굴 시장 극장

도대체 우리 정신을 혼미하게 하고 진리를 얻지 못하게 방해하는 이 우상들이 의미하는 것은 무엇일까?

진리

우상

우상

우상

우상

먼저 종족의 우상부터 살펴보기로 하자.

현상수배
종족의 우상
₿ 300,000,000

우리는 인간이라는 종족이지?

그러므로 종족의 우상은 인간이라는 종족이기 때문에 갖게 되는 우상이야.

우리 개개인은 누구나 자기 자신의 입장에서 다른 사람과 세상을 보는 경향이 있어.

그래서 다른 사람의 입장을 생각할 줄 안다는 것은 매우 중요한 미덕이야.

제발 입장 바꿔 생각해요!

마찬가지로 인간 종족은 동물이나 식물 등 다른 존재의 관점에서 세상을 보는 것이 아니라 인간의 관점에서 세상을 보는 경향이 있다는 거야.

춤추는 코브라 구경하세요!

무슨 소리야! 난 화가 난 거라고!

예를 들면 '쓸모없는 잡초'라는
표현도 그래.

이 쓸모없는
녀석!

악!

인간의 관점에서 보았을 때 인간에게 필요한 농작물이나 정원의 꽃과
나무를 키우는 데 방해가 된다고 하지만, 잡초의 입장에서 보면
무척 억울한 일이지.

난 억울해….

그 역시 또 하나의 건강하게 자라야 할 생명체니까.
게다가 호밀 같은 경우는 인간에게 잡초로 여겨졌다가
나중에는 농작물로 재배되기도 했거든.

이 세상에
쓸모없거나 의미 없는
생명체는 없단다.

베이컨은 이 종족의 우상이라는 말은 '인간이 만물의 척도'라는
주장을 생각해 보면 쉽게 이해할 수 있다고 했어.

인간이
만물의 척도다

'인간이 만물의 척도'라는 말은 고대 그리스
철학자 프로타고라스의 주장으로 알려져 있어.

내가 한
말이라고~.

이 말에 대한 해석은 여러 가지이지만
대체로 '인간'이 모든 것의 기준이
된다는 의미로 풀이되고 있어.

기준!

이때 '인간'은 인간 개개인을 의미해.
개개인이 모두 기준이 된다는 것은 기준이
모두 다 다르다는 것을 의미하지.

기준!

엑~!

기준!

무슨 얘기일까?

성적표 받는 날을 생각해 봐. 성적표 받는 날은 기쁜 날일까? 슬픈 날일까?

당연히 괴로운 날이라고?

과연 그럴까?

너희 중에 이번 시험에 최선을 다해 공부해서 석차가 10등쯤 올랐거나 목표 점수를 달성한 친구가 있다고 생각해 봐.

그 친구에게 성적표 받는 날은 괴로운 날일까?

당연히 기쁜 날이지.

열심히 노력한 결과를 눈으로 확인하는 기쁨, 부모님께 보여드리고 칭찬도 받고 운 좋으면 용돈을 얻는 기쁨도 얻게 될지도 모르는데.

그러면 성적표 받는 날은 기쁜 날이야? 괴로운 날이야?

개개인에 따라 다를 수 있겠지?

이렇게 사람마다 다를 수도 있지만 시간이나 상황에 따라 다를 수도 있어.

엥?

으아아~ 배고파!

세상은 내가 기쁠 때와 슬플 때 각각 다르게 보일 수 있거든.

배가 고프니까 하늘이 다 노랗게 보이네….

하늘은 파란데?

따라서 모든 개인이 서로 다른 방식으로 사물을 받아들이게 된다면 누구의 판단이 옳고 그른가를 알 수 없게 되는 거지.

아냐, 지금 하늘은 노란색이야!

지금 하늘은 파란색이에요!

그러므로 프로타고라스의 표현처럼 인간이 만물의 척도라면 어떤 사물에 대한 참된 본성을 발견하는 일은 불가능해지는 거지.

음식도 맛이 없잖아요.

무슨 소리야! 맛있기만 한데.

결국 진리를 알 수 없다는 회의주의에 이르게 되겠지.

사람마다 보는 시각이 다른데 어떻게 진리를 알 수 있겠어?

하하하

베이컨은 프로타고라스의 이러한 주장이 그릇된 것이라고 보았어.

알려고 하지 않은 거겠죠!

으…!

베이컨은 인간이 만물의 척도라는 표현은 인간의 모든 지각이, 감각이든 정신이든 우주를 기준으로 삼는 것이 아니라 '인간 자신을 기준으로 삼기 쉽다.'는 사실을 너무나 잘 보여주는 말이라고 본 거야.

분명 저 북극곰도 우리처럼 추워서 벌벌 떨고 있을 거예요!

….

베이컨은 종족의 우상을 설명하기 위해 거울을 예로 들지.

혹시 볼록 거울에 얼굴을 비춰본 경험이 있니? 아니면 숟가락 뒤쪽 볼록한 면에라도 말이야.

얼굴이 어떻게 보이지?

으악!

내 얼굴이 그대로 비춰지는 게 아니라 불룩하게 변형되어 보이는 것을 본 적이 있을 거야.

으아아~ 내 얼굴이 왜 이래?

표면이 고르지 못한 거울은 사물을 본모습대로 비추는 것이 아니라 왜곡하고 굴절시키게 돼.

역시 난 다리가 길어

베이컨은 이처럼 인간이라는 종족이 갖는 지성을 표면이 고르지 못한 거울 같다고 본 거야. 인간의 지성이 표면이 고르지 못한 거울 같다면 자연을 왜곡하지 않고 편견 없이 정확히 관찰하고 해석하는 것이 어려워지는 거지.

이처럼 베이컨은 종족의 우상에서 인간 지성이 갖는 문제점을 지적하고자 했어.

그런데 베이컨이 인간의 지성을 표면이 고르지 못한 거울 같다고 본 이유는 무엇일까?

맞아! 표면이 고른 거울일 수도 있잖아요?

그건 바로 인간 지성이 가진 몇 가지 특성이 자연을 있는 그대로 관찰하는 것을 방해하기 때문이야.

인간 지성의 첫 번째 문제는 '제 눈에 실제로 보이는 것보다 더 많은 질서와 동등성이 존재한다고 생각하는 경향'이야.

저 달에는 분명 토끼가 살고 있는 거야!

자연계의 많은 사물들은 본질적으로 속성이 서로 다르고 같은 것이 전혀 없는데도 불구하고 인간의 지성은 숨겨진 질서가 있을 거라 가정을 하는 병행, 대응, 관계 따위를 찾아내려 한다는 것이지.

어머 한 마리가 아니고 두 마리네요!

실제로는 존재하지 않는데도 말이야.

베이컨은 '하늘에 있는 천체들은 모두 원운동을 하고 있다.'는 믿음을 예로 들었어.

오랫동안 천체의 운동 궤도가 완전한 원이라는 믿음이 있었어.

믿습니까?

믿습니다!

그런데 플라톤 이후 중세에 이르기까지 그 어떤 철학자도 이것에 대해 의심해 본 적이 없다는 거야.

와! 이 구슬은 천체 운동처럼 완전한 원이네?

오~ 정말!

이것은 천체 운동이 원운동처럼 보였기 때문만은 아니래.

원래 우리는 타원 운동을 한다고.

인간의 지성은 변하지 않는 본질을 알고 싶어했지.

본질이 변하면 결론을 내리기가 쉽지 않거든.

천체 운동의 본질은 완전해야 하고 도형 중에서는 원이 가장 완전하다고 보았던 거지.

원은 변하지 않으니까 말이야.

이렇게 지성은 천체 운동이 반드시 원운동이어야 한다고 생각하고 싶었던 거야.

제발 원운동이길.

실제 관측 자료와 맞지 않더라도 이 원칙은 영향을 받지 않았다고 해.

엇! 천체 운동이 좀 이상한데?

현상이 우리 눈을 속이고 있다고 생각했을 뿐이야.

에이~ 또 이놈의 관측기가 고장인가?

역시 국산이 최고야!

쾅 쾅

이것은 미리 답을 알고 나서 그 답이 나오는 과정을 짜 맞추는 것과 같은 것이었지.

천체의 운동이 원운동이라는 확고한 믿음은 1605년,

1605

케플러가 '행성의 궤도는 태양을 중점으로 한 타원'이라 발표하고 나서야 무너졌다고 해.

이처럼 자연에 대한 정확한 지식이 아니라 자연에 대한 몽상을 낳은 것은, 바로 인간의 지성이 실제로 존재하지도 않은, 본질과는 무관한 관계 따위를 찾아내려는 속성에서 기인한다는 것이지.

본질

몽상

두 번째 문제는 인간의 지성이 '한번 이것이라고 생각하면 다른 것들은 배척하고 마는 경향이 있다.'는 점이야.

이 길이 제일 빠른 길이니까 앞으로는 이 길로만 다니자!

그것이 널리 승인되어 있어서거나, 많은 사람들이 그렇게 믿고 있어서거나, 아니면 자기 마음에 들어서거나 이유는 상관없이 말이야.

난 이 길이 괜히 마음에 들어.

난 원래 다니던 길이 더 좋은데….

아무리 강력한 반증 사례들이 있다고 해도 무시하거나 예외로 여기며 배척해 버리는 거지.

하지만 원래 다니던 길보다 이 길이 5분 거리만큼이나 먼데?

뭐?

그리고 다른 모든 것을 그에 맞도록 만들려고 노력하는 거야.

그건 네가 원래 다니던 길을 뛰어다녔기 때문이야!

그런가…

베이컨은 이것은 순전히 처음에 내세운 주장의 권위가 손상될까 두려워하기 때문이라고 보았어.

내 말이 틀렸다는 걸 인정할 수는 없어.

이에 대해 베이컨은 재미있는 예를 들었지.

어떤 사람이 다른 사람에게 하느님의 능력을 전하고 싶었대.

오~주여!

그래서 그 사람은 배가 난파의 위험에 처했을 때 하느님께 기도를 드려 살아난 인간들의 모습을 그려 신전에 걸었다는군.

그러고는 사람들에게 이렇게 물었어.

이래도 하느님의 능력을 인정하지 않습니까?

'죽음의 위험에 처한 사람들이 하느님께 기도한 덕분에 살아났다. 하느님의 능력이 이렇게 위대하다.'라고 설득하고 싶었던 거지.

아, 정말 하느님의 능력은 위대하시구나~.

그래! 나도 하느님께 기도를 드려야겠다!

라는 생각이 드니?

흐흐흐 네 연기력 어때?

그 전에 살짝 이런 의문이 생기는 사람은 없을까?

그렇지만 살려달라고 기도했는데도 끝내 물에 빠져 죽고만 사람의 그림은 어디에 있나요?

으…!

반증 사례를 물을 수도 있겠지?

그… 그게.

이런 경우 그 사람이 전하고 싶었던 하느님의 능력은 어떻게 되는 거지?

으아~ 창피해.

점성술, 꿈점, 징조, 천벌 따위와 같은 모든 미신들이 바로 이러한 경향 때문이야.

가끔씩 소화가 잘 안되지?

깨랑 까랑

소화는 잘 되는데요?

맞지 않는 사례들은 무시한 채 들어맞는 사건만 보고 헛된 믿음을 계속 고집하는 것도 마찬가지인 거지.

가끔씩! 아주 가끔씩 말이야!

요즘 혈액형에 따른 '성격 유형 알아 보기' 같은 것도 이런 면이 있어.

소심한 A형, 자유분방한 B형이라며 자기 성격과 열심히 맞추어 본 적 있지?

호호, 역시 난 까칠한 매력남이야!

그럴 때면 이런 말을 내뱉게 되지.

맞아, 맞아! 어쩜 우리랑 딱 맞네?

그러나 자세히 살펴보면 자신과 맞지 않는 항목도 많이 있잖아.

어? 자기랑 내가 자주 싸운다고?

그런데 그 맞지 않는 것들은 무시해 버리는 거지.

에이~ 설마….

그러고는 '혈액형에 따른 성격 유형이 신기하게 딱 맞네.' 하는 것과 같은 경향이지.

어쨌든 너무 신기하다, 자기야~

더군다나 혈액형에 그 사람의 성격을 꿰어 맞추려고 하면서 그 사람의 본모습은 놓치게 되고 말겠지?

자기한테 쓰는 돈은 아깝지가 않아.

거짓말하네. 소심쟁이 A형이면서….

베이컨은 이러한 나쁜 습성이 철학이나 과학에서 더 교묘하게 작용한다는 점을 우려했어. 한번 이것이다 하고 생각하면 아무리 확실하고 유력한 반증 사례가 있더라도 철저히 무시되고 만다는 거지.

지구는 둥글어요!

웃기지 마!

인간 지성의 세 번째 문제는 '부정적인 사례보다는 긍정적인 사례에 영향을 더 많이 받고 자극도 더 크게 받는다.'는 점이야.

너는 성격이 안 좋지만 얼굴이 이쁘니까 괜찮아.

맞아! 이쁘면 된 거 아니야?

베이컨은 긍정적 사례보다는 부정적 사례를 더 중요하게 취급하는 것이 올바른 명제의 수립을 위해 더 중요하다고 보았어.

그 나쁜 성격 좀 고치란 말이야!

헉!

인간 지성이 가진 또 다른 문제점은 '미련하고 무력하다.'는 점이야.

우리 그만 헤어져요.

그에 따라 상상력이 발동하고 자신도 모르는 사이에 자신의 정신을 사로잡은 아주 적은 사례를 가지고 다른 모든 것도 비슷할 거라 판단해 버리는 거지.

너희도 이제 곧 헤어지고 말거야.

또한 인간 지성이 '끊임없이 요동하여 잠시라도 쉬는 법이 없는 점도 문제'라고 보았어.

아무 소용이 없는 경우에도 자꾸 앞으로 나아가려 한다는 거야.

15KM

잠을 자려고 누웠는데

….

이 생각 저 생각이 꼬리에 꼬리를 물고 생각이 확장되어 잠을 못 잔 경험이 있지? 생각이 끊임없이 요동하여 잠시도 쉬지 않을 때 말이야. 인간의 지성도 그런 면이 있다는 거지.

어제 일… 1주일 전의 일, 1년 전의 일….

이 사람, 저 사람 그리고 또 다른 사람….

베이컨은 선을 무한 분할할 수 있다는 관념도 우리들의 정신이 그칠 줄 모르고 요동치기 때문에 생기는 혼란이라고 보았어.

그만 좀 썰어!

무한 분할!

선을 무한히 분할한다는 게 무슨 뜻이지?

이것은 고대 그리스의 철학자 제논이 제기한 주장이야.

내가 바로 제논이란다.

그는 선을 끝없이 분할할 수 있다고 생각하고 몇 가지 궤변을 제기했어.

그중에 한 가지 궤변은 바로 이거야.

아무리 느린 거북이라도 앞서서 출발하면 아킬레스도 따라잡을 수 없다!

제논은 무슨 말을 하는 걸까?

내가 거북이를 따라잡을 수 없다고?

나도 자신 없는데….

아킬레스는 그리스 신화에 나오는 전사야.

반가워, 얘들아!

아킬레스는 달리기 실력이 굉장했어.

그런데 왜 먼저 출발한 거북이를 따라 잡지 못하는 거지?

대체 이유가 뭐야!

거북이가 앞서 출발한 만큼 아킬레스와 거북이 사이에는 거리가 있을 거야.

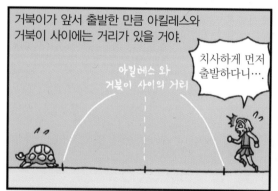

치사하게 먼저 출발하다니….

아킬레스와 거북이 사이의 거리

아킬레스가 거북이와의 거리를 반 정도 따라잡았어.

거기 서 인마!

타다다닥

그러면 다시 아킬레스와 거북이 사이에는 처음보다 좁혀졌지만 남은 거리가 있겠지?

남은 거리

아킬레스가 다시 그 거리의 반을 따라잡았어.

좋아, 거의 다 따라잡았어!

타닥

하지만 다시 아킬레스와 거북이 사이에 좁혀진 거리가 남아.

뭐… 또?

남은거리

또 다시 그 거리의 반을 아킬레스가 따라잡았지만 아킬레스와 거북이 사이에는 거리가 있고 또 다시 그 거리의 반을 따라잡아도 둘 사이에는 거리가 있고….

으악~ 미치겠네! 언제 따라잡는 거야!

남은거리

그러므로 아킬레스는 거북이를 따라잡을 수 없게 되는 거지.

도저히 더 이상은 못 뛰겠어…!

헉 헉

무슨 말인지 이해가 가니?

선을 무한히 분할할 수 있다고 생각하기 때문에 생기는 궤변인 거야.

선을 무한 분할하면 남은 거리는 절대 사라지지 않으니까.

왜 못 따라잡아요? 느림보 거북이쯤이야 나도 금방 따라잡을 수 있어요!

타다다닥

헉

맞아. 따라잡을 수 있지.

헤헤.

운동회 마지막을 장식하곤 하는 이어달리기를 봐.

앞서 나가는 사람을 따라잡을 수 없다면 아무 재미도, 흥분도 없을걸?

어차피 앞서 나가는 사람이 이길 텐데, 뭐.

그러나 따라잡힐 가능성이 있고 따라잡을 때의 묘미가 있기 때문에 다 일어서서 소리를 지르며 보게 되는 거잖아.

윽…!

제논의 아킬레스와 거북이의 경주 이야기는 인간의 지성이 쉼 없이 요동치면서 가져오는 궤변일 뿐이지, 현실에 대한 올바른 인식은 아니야.

그럼 그렇지. 제논 이 녀석, 감히 날 모욕해?

히익…! 잘못했어요.

그런데 사실, 너희들도 제논의 궤변을 일상 생활에 사용해 본 적이 있을 거야.

아니, 우리가 그렇게 어려운 것을 사용한다고요?

동생아~ 너 셋 셀 때까지 안 오면 죽는다~.

윽!

하나, 둘, 둘의 반, 둘의 반의 반…

그렇지? 둘과 셋 사이를 무한 분할했잖아.

으앙~ 형 잘못했어~.

종족의 우상 – 인간 지성의 한계

그런데 베이컨은 정신의 요동이 가져오는 문제가 또 있다고 보았어.

네? 또 있어요?

인간의 지성이 자꾸 '목적인'을 찾으려고 한다는 점이야.

목적

목적인이란 어떤 목적이 원인이 되어 사물들이 운동을 한다는 아리스토텔레스의 주장이야.

인간은 어떤 목적을 달성하기 위해 움직이잖아.

너희들이 기특하게도 이 책을 읽는 목적은 베이컨의 《신논리학》이 어떤 내용인지 알고 싶어서잖아.

헤헤, 그렇죠.

신논 리학

그런데 여기서 문제는 자연 역시도 인간처럼 특정한 목적을 가지고 운동할 거라고 생각하는 거지.

우리는 목적보다는 자연의 순리를 따를 뿐이야.

자연은 인간이 발견한 모습 그대로일 뿐인데도 인간의 지성은 더 지성적인 것을 찾아 나서서 자연계 배후에 어떤 원인이 있다는 결론을 찾아내려고 한다는 거야.

너흰 배후가 있지?

난 이런 생각들이 철학을 병들게 한다고 보았어.

인간의 지성이 가진 또 다른 문제는 '의지와 감정의 영향을 받는다.'는 점이야.

미모 덕분에 어떤 옷이든 잘 어울리세요.

정말요?

인간은 누구나 자기가 진실이기를 바라는 것을 더 쉽게 믿게 돼.

제가 봐도 잘 어울리는 것 같아요. 이 옷 살게요~ ㅎㅎㅎ…

참, 24개월 할부로 해주세요~

옷 가게

초조한 마음 때문에 어려운 탐구는 피하고, 희망이 없어질까 두려워 침착성을 잃게 되고, 미신 때문에 자연의 이치를 배척하고, 조잡한 것에 구애되고 있다는 인상을 주지 않으려고 경험을 거부하고, 세상 사람들의 눈치를 보느라 외면하고 있다는 거야.

이처럼 전혀 알아챌 수 없는 방법으로 인간의 감정은 지성을 오염시킨다는 거지.

그러니까 감정을 절제하는 훈련도 중요하겠지?

베이컨은 인간 지성의 가장 큰 장애와 착오는 '감각의 우둔과 무력과 기만'에서 발생한다고 보았어.

감각은 아무리 중요한 것이라도 직접적인 자극이 없는 것에 대해서는 무심하고, 직접적인 자극이 있는 것은 매우 중요하게 여겨.

으악!

엉덩이 주사는 아파서 싫어요!

따라서 보이지 않는 것에는 거의 관심을 기울이지 않게 되는 거야.

주사를 안 맞으면 나중에 더 아프게 돼요!

꺄악!

그러므로 감각은 도움을 받지 못하면 오류를 저지르기 쉽다는 거지.

그리고 인간의 지성은 무엇이든 추상화하는 본성이 있어서 끊임없이 변화하는 것을 고정불변의 것으로 여기기도 한단다.

건물의 모양은 무조건 네모일 거야!

이처럼 인간의 지성이 가진 한계를 베이컨은 종족의 우상이라고 불렀어.

종족의 우상

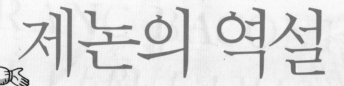

# 제논의 역설

'역설'이란 언뜻 보면 일리가 있는 것처럼 생각되지만 분명하게 모순되어 있거나 잘못된 결론을 이끌게 하는 논증을 일컫는 말입니다. 영어 paradox는 그리스어 paradoxos가 어원으로 'para'는 '반反, 역逆'을, 'dox'는 '의견'을 뜻해요.

고대 그리스의 철학자이자 수학자였던 제논은 역설을 말한 것으로 유명한데, 그가 역설을 말한 이유는 사물이 움직이고 있다고 우리가 느끼는 것은 모두 환상이라는, 스승 파르메니데스의 사상을 지지하기 위해서 만든 거라고 해요.

제논이 제기한 역설 중 하나는 '이분법의 역설'이에요. 어떤 물체가 하나의 출발점에서 목적지까지 가기 위해서는 출발지와 목적지의 중간 지점에 이르러야 합니다. 그러나 중간 지점에 이르기 위해서는 먼저 출발지와 중간 지점의 중간 지점까지 가야 하죠. 그러기 위해서는 다시 출발지와 중간 지점의 중간 지점의 중간 지점……. 이와 같이 그 중간 지점을 계속 지나야 하는데 그런 점들이 무한히 많으므로 결국 출발지에서 목적지까지 영원히 갈 수 없고 운동은 있을 수 없다는 것입니다.

또 다른 역설은 '달리기 경주에서 아킬레스는 거북이를 추월할 수 없다.'는 거예요. 달리기가 빠르기로 유명한 아킬레스지만, 제논은 아킬레스가 얼마나 빨리 달리는가와 상관없이 결코 거북이를 추월할 수 없을 것이라고 주장했어요. 아킬

제논

레스가 거북이를 추월하기 위해서는 우선 거북이를 따라잡아야 하지만, 제논에 의하면 그런 일을 결코 일어날 수 없게 돼요. 아킬레스가 거북이의 지점에 도달하려면 얼마간의 시간이 필요한데, 그러는 사이 거북이 역시 조금 앞으로 움직일 것이기 때문입니다. 둘 사이의 거리가 점점 좁혀진다 하더라도 그것이 없어지지는 않는다는 거예요. 그러므로 아킬레스는 거북이를 영원히 추월할 수 없다는 역설입니다.

다음은 '공중을 나는 화살은 움직이지 않고 정지해 있다.' 는 역설입니다. 움직이는 화살이 특정한 지점에 왔을 때 화살은 순간적으로 정지해 있다는 것입니다. 만약 시간이 더 이상 쪼개질 수 없는 아주 짧은 순간들로 이루어져 있다면 날아가는 화살은 항상 정지해 있다는 역설입니다. 왜냐하면 매 순간마다 그 화살은 한 고정된 지점에 있기 때문입니다. 화살은 분할된 개별 지점에서는 움직이지 않기 때문에 날아가는 중에도 움직이지 않는다는 결론에 이르는 것입니다.

제논의 역설은 우리가 경험적으로 알고 있는 결과와 다른 결론을 주장하기 때문에 '역설' 이라는 이름이 붙여졌습니다. 이러한 제논의 역설은 오랫동안 철학자들과 수학자들의 머리를 아프게 했다고 해요. 이러한 역설을 제기하며 운동, 변화, 다양성의 존재를 부인한 제논은 아리스토텔레스에 의해 '변증법의 아버지' 로 여겨졌습니다.

# 프로타고라스

기원전 5세기에 이르러 아테네 민주정치가 급속히 신장하면서 많은 시민들이 정치 참여의 기회를 얻었습니다. 그 결과 시민들은 정치 지식을 탐구하고 변론술을 배우려고 했어요. 이러한 시민의 요구에 부응하여 등장한 것이 '소피스트(Sophist)'였습니다. 소피스트는 처음에는 '교수, 선생'을 의미하였으나 점차 '궤변가'를 지칭하는 의미로 변했습니다.

소피스트 가운데 한 사람인 프로타고라스는 기원전 485년경 고대 그리스의 도시 아브데라에서 출생했습니다. 그는 이곳저곳 떠돌아다니며 돈을 받고 지혜를 가르쳤어요. 당시 소피스트들이 가르쳤던 지혜는 법정에서 벌어지는 논쟁에서 이길 수 있게 하는 그런 종류였다고 해요.

변론술을 가르쳤던 프로타고라스에게는 다음과 같은 일화가 전해져 온답니다.

프로타고라스에게 한 젊은이가 변론술을 배우고 싶다고 찾아왔습니다. 그런데 수업료는 젊은이가 첫 소송 사건에서 이기면 받기로 합의했어요. 젊은이는 프로타고라스에게 가르침을 받고 실력이 향상되었지만, 그 후 젊은이는 한 번도 법정에서 변론을 하지 않았고 수업료도 내지 않았습니다. 그러자 프로타고라스는 그 젊은이를 상대로 수업료를 받기 위해 소송을 제기했습니다. 법정에서 프로타고라스는 이렇게 말했습니다.

"젊은이, 자네는 이 소송에서 이기든 지든 반드시 수업료를 내야만

학설의 우상

하네. 왜냐하면 내가 이기면 이겼으니까 판결에 따라 수업료를 지불해야 하네. 만약에 지게 된다면 자네가 첫 소송에서 이기면 내겠다던 합의에 따라 수업료를 내야만 하지."

역시 프로타고라스죠? 그러나 프로타고라스에게서 배운 그 젊은이가 다음과 같이 말했습니다.

"스승님, 저야말로 이 소송에서 이기든 지든 수업료를 내지 않아도 됩니다. 만약 이 소송에서 이긴다면 당연히 판결에 따라 낼 필요가 없고, 만약 진다면 첫 소송에서 졌으므로 처음 계약에 따라 수업료를 낼 필요가 없지요."

과연 이 소송의 승자는 누구일까요? 여러분도 한번 생각해 보세요.

프로타고라스는 '인간이 만물의 척도이다.'라는 유명한 말을 남겼습니다. 이 말은 사람들 사이에 견해 차이가 있을 경우, 하나가 옳고 하나가 틀렸다고 단정할 만한 객관적인 진리가 존재하지 않는다는 의미로 받아들여져요.

한편, 프로타고라스는 신들에 대해서는 이런 말을 했다고 합니다.

'나는 신들이 존재하는지, 존재하지 않는지 확신하지 못하겠다. 또한 그들이 어떻게 생겼는지도 모르겠다. 왜냐하면 확실한 지식을 방해하는 수많은 것들이 있기 때문이다. 지식은 불분명하고 그것을 알기에 인간의 삶은 너무 짧다.'

**제5장** 동굴의 우상 - 우물 안 개구리

이번에는 동굴의 우상이야.

동굴의 우상이오?

만약 어려서부터 동굴 속에 오래도록 갇혀 생활하게 된다면 어떻게 될까?

헛! 무서운데….

음… 우선 동굴이라는 좁은 세계가 전부인 줄 알고 살게 되진 않을까요?

맞아. 베이컨은 동굴이라는 비유를 플라톤의 '동굴의 비유'에서 가져왔다고 했어.

안녕? 내가 바로 '동굴의 비유'를 든 플라톤이야!

그렇다면 플라톤의 동굴의 비유는 무엇일까?

플라톤은 《국가》라는 책에서 동굴의 비유를 들었어.

이 책은 내가 남긴 최고의 업적이야.

국 가

플라톤의 동굴의 비유는 유명한 이야기지.

와~ 정말요? 빨리 듣고 싶어요.

플라톤은 어두운 동굴에서 살아가는 죄수들이 있다고 가정해.

이 동굴은 바깥 세계와 긴 통로로 연결되어 있지.

이 죄수들은 동굴 속에서 어릴 적부터 지냈어.

헥…! 그건 너무 가혹한데요?

이들은 다리와 목이 쇠사슬에 매여 있어 얼굴조차 움직일 수 없기 때문에 오직 앞만 바라볼 뿐이야. 또한 죄수들의 등 뒤에는 멀리서 한 줄기 빛이 비추고 있지.

그리고 죄수들은 알지 못하지만 이 빛과 죄수들 사이에는 높다랗게 잘 닦은 길이 하나 나 있어.

?

그리고 죄수들 앞에는 야트막한 담이 하나 놓여 있지.

조금 특이한 설정이지만 이야기를 끝까지 들어 보자고~.

이 죄수들은 어릴 때부터 동굴 안에서 묶인 채로 자라서 사람도 물건도 제대로 본 적이 없기에, 실제로 사람과 물건이 어떻게 생겼는지 몰라.

대체 그 무섭다는 곶감은 어떻게 생겼을까….

그런데 죄수들 뒷길을 따라 온갖 기구와 나무, 돌, 동물 들을 운반하는 사람들이 있어.

그리고 이야기를 주고받는 사람들도 있지.

어때?

좋아!

그러면 담에는 불빛 때문에 그들의 그림자가 생기게 되겠지?

죄수들은 무엇을 보게 될까?

헉

죄수들은 눈앞의 담만 바라볼 수 있는 상황이니까 평생 담에 생긴 그림자들만 보게 되는 거야.

너… 넌 누구냐?

그들은 뒤를 한 번도 본 적이 없으니 그 그림자들이 움직이는 사람들과 여러 사물의 것이라는 사실을 알 수 없을 거야.

이름을 밝혀라!

쟤 누구랑 얘기하지?

그러므로 그림자 자체를 진짜 존재하는 것으로 믿게 되는 거지. 그 그림자가 소리도 내고 이야기도 주고받는 실체라고 말이야.

그 그림자를 만들어낸 진짜 실체를 보지 못했으니까 당연한 거지.

헉!

그림자놀이 하는 풍경이 생각나지 않니?

그림자 놀이요?

불빛에 의해 벽에 그림자가 만들어지는 걸 이용해서 손가락을 가지고 여러 가지 그림자 모양을 만들면서 노는 것 말이야.

두 손바닥과 손가락을 맞대고 모양을 만들어서 벽에 비추면 영락없이 개가 짖는 것 같은 모양이 생기기도 하고, 토끼 한 마리가 나타나기도 하고, 그래서 신기하고 즐거웠던 어린 시절 놀이잖아.

그러나 그림자놀이를 하는 우리들은 진실을 알고 있었지?

네, 물론이죠!

ㅋ 엉

우리는 그 그림자가 개처럼 보일 뿐 그림자 개가 실제로 존재한다거나 실제 개는 아니라는 것을 알고 있었어.

에이... 그만 해요~

개처럼 보이는 그림자는 그림자일 뿐이고 실제로 존재하는 것은 그냥 장난치고 있는 나의 손가락일 뿐이지.

그러나 자신의 뒤에 존재하는 실체를 한 번도 못 보고 평생 그림자만 보아온 죄수들은 그림자 자체가 실제로 존재한다고 인식할 수밖에 없는 상황인 거야.

으악~ 위험해!

그런데 만약 그중 누군가가 사슬이 풀려 동굴을 나가게 된다면?

그는 어떤 상황에 처하게 될까?

모든 것이 혼란스럽고 믿기 힘들겠지?

내가 평생 보아오고 존재한다고 믿었던 것들이 실체가 아니고 단지 그림자일 뿐이라는 사실이 얼마나 황당하겠어.

결국 그림자는 그림자일 뿐이고 실체는 다르다는 진실을 깨닫게 되겠지?

이럴 수가….

그런데 동굴 밖으로 나갔던 사람이 돌아와 동굴 안에 갇힌 죄수들에게 그동안 우리가 본 것은 그림자일 뿐이고 그 그림자를 만든 실체는 따로 존재한다고 말해 준다면 동굴 속 죄수들은 어떻게 생각할까?

…

못 믿겠지만 사실이야.

쉽게 받아들일 수 없겠지?

말도 안 돼!

투둑 투둑

플라톤은 이 비유에서 동굴 속에 갇힌 사람들을 철학을 모르는 대부분의 사람들과 같다고 했어.

참된 진리의 세계를 모른다는 점에서 말이야.

플라톤은 우리들 대다수 인간의 모습도 동굴에 갇힌 죄수와 다르지 않다고 보았어.

동굴에 갇혀 그림자만 보고 그것이 진짜라고 인식하는 죄수처럼 말이야.

으악! 저도요?

이 말은 진리가 아닌 것을 진리처럼 믿고 있을 수 있다는 거지.

이제 베이컨의 동굴의 우상으로 돌아가 보자.

이젠 내 차례라고~.

억... 벌써?

베이컨은 플라톤이 말한 동굴 같은 것을 각 개인마다 가지고 있다고 보았어.

그것도 저마다 다른 모양, 다른 종류의 동굴 속에서 살아가는 거지.

종족의 우상이 모든 인류가 공통적으로 가지는 오류인데 반해서 동굴의 우상은 각 개인의 특성에서 생기는 오류야.

모든 사람은 저마다 판단 기준과 성장 배경이 다르니까 말이야.

각자의 동굴 속에 갇힌 인간이 자신들이 본 그림자만을 진리라고 여기면서 오류를 저지르게 되는 거지.

공부 잘 하는 게 최고야!

무슨 소리, 외모가 중요해!

아니야. 돈이 많은 게 최고야!

우리에게 익숙한 말 중에 '우물 안 개구리' 라는 말과 같은 의미라고 볼 수 있어.

난 이곳의 왕이다!

이 세상은 내 거야!

중국의 철학자 장자는 이렇게 얘기했지.

험험

우물 안 개구리는 바다를 알 수 없다!

깜짝이야!

어째서 바다를 이야기해줘도 이해할 수가 없죠?

그것은 그들이 우물 밖 세상에서 살아본 적이 없기 때문이야.

그들에게 끝도, 깊이도 알 수 없는 드넓은 바다가 있다고 얘기한들 상상이나 할 수 있을까? 본 적도 없는데 말이야.

내가 끝없이 깊고 넓은 바다를 보고 왔어!

에이~ 거짓말! 세상에 그런 게 어디 있어~.

또 여름 한 철을 사는 벌레는 겨울의 얼음을 알 수 없다고 했어.

겨울엔 차가운 얼음이란 게 생겨.

얼음? 그게 뭔데?

왜냐하면 이들은 여름이라는 한 철에 매여 살기 때문이야.

우리는 겨울에 살아본 적이 없거든.

그러면 이러한 동굴의 우상이 생기는 이유는 무엇일까?

베이컨은 개인의 특수한 본성에 의한 것일 수도 있고, 그가 받은 교육이나 다른 사람들에게 들은 이야기에 의한 것일 수도 있다고 했어.

또한 그가 읽은 책이나 존경하고 찬양하는 사람의 권위에 의한 것일 수도 있고

아리스토텔레스의 말이라면 다 맞을 거야.

그건 아닌데..

첫인상의 차이에 의한 것일 수도 있다고 했지.

저 사람은 분명 나쁜 사람일 거야.

인간의 정신은 개인의 기질에 따라 변덕이 심하고, 동요하고, 우연에 좌우되기 때문이야.

이쪽!

탁

그러므로 동굴의 우상은 굉장히 많겠지?

베이컨은 그중에 학문의 발전을 방해하는 우상들, 인간의 정신을 오염시켜 엄청난 힘을 발휘하는 것, 특별히 경계해야 할 것을 몇 가지 살펴보고자 했어.

직접 들어가서 살펴볼까?

특별경계우상

먼저, 어떤 특정한 학문이나 연구에 깊은 애착을 느끼고 있는 사람들이 빠지는 동굴의 우상이야.

이 연구에 내 인생 전부를 걸겠어!

자기 자신을 그러한 학문의 창시자나 발명자라고 믿고 있거나

오!

학문

그 일에 엄청나게 공을 들였거나

학문

그 일에 아주 익숙해져 있는 경우지.

벌써 20년째 이 일을 하고 있구나.

이런 사람들은 철학을 하게 될 경우, 자신이 품고 있던 공상에 사로잡혀 왜곡된 방향으로 나아가 마침내 타락하고 만다는 거지.

내 공상과 같은 연구결과가 나와야 하는데….

아니야, 내 공상과 같을 거야!

타락의 길

베이컨은 그 예로 아리스토텔레스를 들었어.

엑~ 또 나야?

아리스토텔레스의 경우 자신의 철학을 논리학에 완전히 종속시켜 거의 쓸모없는 것으로, 논쟁적인 것으로 만들고 말았다고 보았어.

논쟁적

논리학

연금술사들 역시 화덕에서 두어 번 실험해본 결과만 가지고 공상적인 철학을 만들어내고 있다고 비판했지.

하하하! 두 번이나 맞았으니 확실해!

그런데 여기서 한 가지 주의할 점이 있지.

주 의

베이컨은 《신논리학》에서 아리스토텔레스와 플라톤의 철학을 많이 비판하고 있어.

맞아, 너무해….

《신논리학》은 아리스토텔레스의 논리학에 대항하는 성격이 짙은 책이야.

덤벼!

헉!

신논리학

논리학

그리고 플라톤과 아리스토텔레스의 철학이 중세 종교를 뒷받침하는 이론으로 쓰인 배경 때문에 베이컨이 자신의 논의를 진전시키기 위해 많은 비판을 하지.

당신들의 철학은 종교의 시녀 역할을 했어.

그렇다고 아리스토텔레스와 플라톤의 철학 자체가 보잘 것 없을 거라 생각하는 것은 곤란해.

사실은 나도 이분들을 존경하고 있거든.

정말?

플라톤과 아리스토텔레스는 서양 철학사에 큰 영향을 끼친 위대한 철학자들이란 거 알지?

이분들의 업적을 무시해서는 안 돼.

동굴의 우상은 철학이나 학문을 대하는 태도에서 찾을 수 있어.

학문

어떤 사람은 사물의 차이점을 찾아내는 것에만 집중하고 어떤 사람은 사물의 유사점을 찾아내는 것에만 주력해.

틀린 점을 찾자.

같은 점을 찾자.

이게 무슨 말이냐고?

차이점을 중시하는 사람은 심사숙고해서 어떤 미세한 차이도 놓치지 않으려고 하고

엇, 그러고 보니 느낌이 조금 다른 것 같은데?

유사점을 중시하는 사람은 확실하지 않은 것에서조차 일반적인 유사점을 찾아내고자 하는 거지.

혹시 두 개 다 멀리서 온 물건 아닐까?

결국 양쪽 다 균형을 잡지 못하고 극단으로 빠져 들기 쉬워지지.

왜냐하면 차이점에 집중하는 사람이 사물의 미묘한 뉘앙스, 차이점을 찾으려 하고, 유사점에 집중하는 사람은 유사점의 그림자라도 잡으려고 할 가능성이 커지면서 진리와는 멀어지게 되는 결과를 낳고 말거든.

자세히 보니 왼쪽 병은 조금 슬퍼하고 있어!

어쩌면 두 병 모두 외계에서 온 물건일지도 몰라!

대체 무엇을 연구하고 있는 거야?

또 어떤 사람은 무턱대고 낡은 것에 감탄하지.

펠레보다 뛰어난 축구선수는 절대 나올 수 없어! 그러니까 넌 최고가 아니야!

나도 잘 하는데…

또 어떤 사람은 새로운 것에만 매달리는 경향을 보이기도 해.

와~ 신상품이다! 이제 쓰던 휴대전화는 필요 없어!

옛사람이 가르쳐 준 바른 길을 벗어나지 않으면서 동시에 당대 사람들이 제창한 혁신도 경멸하지 않는, 이른바 중용의 정신을 지키는 일은 드물다는 거지.

증명된 옛 관습을 바꾸지 마!

낡은 관습을 버리고 새로운 것을 찾아!

베이컨은 이러한 편파적인 정신들이 철학이나 다른 여러 학문에 장애가 된다고 보았어.

왜냐하면 올바른 판단 대신 낡은 것을 떠받드는 사람들과 새로운 것을 좋아하는 사람들만 존재하기 때문이야.

보수

개혁

그러므로 어느 한쪽만을 편애하는 일이 없도록 조심해야 한다는 거지.

옛 것!

새로운 것!

또 있어.

그럴 줄 알았어요.

바로 자연과 물체를 단순한 요소로만 나누어 고찰하는 것은 지성을 약화시키는 일이야.

종류가 너무 많으니 꽃과 나무로만 구분해야겠다.

하지만 반대로 자연과 물체를 복합적 형태로만 고찰하는 것 역시 지성을 우매하게 만든다고 보았어.

컴퓨터 전원이 안 들어오니 모두 분해해서 살펴보자!

그냥 전원 플러그가 빠진 것 같은데….

예를 들어 미분자 연구에 몰두한 나머지 사물의 전체적인 구성은 완전히 무시한 학파가 있는가 하면,

음… 피라미드의 돌은 이상하군.

내가 세워진 게 더 대단한 것 아니야?

구성을 보는 데 정신이 팔려 분자와 같은 자연의 단순한 요소를 보지 못하고 말았다는 거지.

그럼 어떻게 해야 하죠?

베이컨은 두 연구 방법이 교대로 이루어져야 한다고 보았어.

!

그래야 지성이 단순한 것도 통찰할 수 있고 광대한 것도 포용할 수 있게 되어 편견이나 편견으로부터 생기는 우상들을 피할 수 있다는 거야.

윽! 가까이 갈 수가 없어.

다시 한 번 정리해 볼까?

학문의 발전에 장애가 되는 동굴의 우상은 주로 다음과 같은 경우에 발생하는 거야.

첫째로 특정한 연구 방법이 지배적인 경우,

내가 시키는 방법으로만 연구해!

둘째로 종합과 분석 가운데 어느 한쪽으로 과도하게 치우쳐 있는 경우,

종합

분석

셋째로 특정한 시대에 너무 편향되어 있는 경우,

저 시대의 방법이 최고야!

넷째, 연구 주제가 지나치게 광범위하거나 협소한 경우 등이야.

대체 이 넓은 곳에서 무엇부터 연구해야 하지?

그렇다면 자연의 진실을 연구하는 사람은
자신의 지성을 강하게 사로잡고 있는 것을 어떻게 대해야 할까?

헉!

빠져나가고 싶어요!
대체 어떻게 해야 하죠?

자신을 강하게 사로잡고 있는 것은 결국
자신이 갇힌 동굴의 우상일 수 있다는
이야기야.

그러므로 무엇이든지 한 번쯤 의심을 해봐야 하는 거지.

지금 내가 올바른 길로
가고 있는 게 맞나?

그리고 자신의 지성이 한쪽으로 치우치지 않고 균형 감각을 유지하며 활동할 수 있도록
주의를 기울여야겠지.

중용정신

베이컨은 이러한 사항들에 주의한다면 동굴의
우상을 방지할 수 있고

나아가 축출할 수도 있다고 보았어.

넌 저리 가!

마지막으로 장님 코끼리 만지기 이야기로 마무리하자.

와~ 재미있겠다!

코끼리가 어떻게 생겼는지 모르는 장님들이 코끼리 한 마리를 만나게 되었어.

코끼리를 만져 본 장님들은 코끼리가 어떤 동물인지 얘기하게 되었지.

먼저 코끼리 다리를 만졌던 사람이 말했어.

코끼리는 넓고 둥근 것이 기둥 같아!

그러자 코끼리 귀를 만진 사람이 말했지.

아니야, 코끼리는 부채처럼 생겼어!

그러자 이번엔 코끼리 코를 만진 사람이 나섰어.

무슨 소리! 코끼리는 뱀처럼 길고 징그러운 것이야!

장님들은 서로 상대편의 이야기가 말도 안 된다고 생각했지.

무슨 소리! 뱀처럼 생겼어!

분명 기둥처럼 생겼어!

아니야, 부채처럼 생겼다니까!

동굴의 우상은 바로 이들 장님들의 경우와 같은 오류를 저지를 수 있는 우리들 개개인의 문제를 말하는 거야.

동굴의 우상은 우리들 각 개인이 저마다 다르게 태어나고 다른 환경에서 성장하고 다른 경험을 하고, 그러면서 갖게 된 개인적인 편견이나 선입견이지.

여기는 너무 추워.

난 더운데….

그래서 저마다 세상을 보는 시각도 다르게 되는 거란다.

나는 뿔이 있었구나….

그러므로 동굴의 우상에서 벗어나려면 자신만의 동굴에서 나와야 해.

좀더 넓은 세계로 나와 다양한 경험을 하고 풍부한 지식과 정보를 얻기 위해 노력해야 해. 그리고 자신의 좁은 관점에서만 보려 하지 말고 다른 사람들의 관점도 살펴보는 자세가 필요하지.

왜 골을 넣으려는 거야?

?

그러면서 자신만의 편견과 선입견이 무엇인지 깨닫고 고쳐가는 자세가 필요해.

이제 널 이해할 수 있을 거 같아!

그래야만 제대로 된 세계를 볼 수 있고 진리에 다가갈 수 있겠지?

찾았어요!

진리

# 제6장 시장의 우상
## - 잘못된 언어 사용의 문제

시장 구경 해본 적 있니?

당연하죠!

하지만 거기는 마트잖니.

윽!

베이컨이 말하는 시장은 아무래도 재래시장이 어울릴 것 같은데….

수북하게 쌓여 있는 물건들, 옷도 팔고 신발도 팔고 엿도 팔고 사과도 팔고 맛있는 떡도 팔고 재미있는 장난감도 팔고 금붕어와 병아리도 파는 시장 말이야.

어린 시절 이런저런 신기한 물건에 정신을 팔다보면 엄마를 놓치기 십상이었어.

엇!

으앙~ 엄마 같이 가요!

그래서 시장에 갈 때면 엄마 손 꼭 잡고 절대로 놓지 않아야 했지.

이 세상 물건이 모두 모인 듯하고 이 세상 사람들이 모두 모인 것처럼 사람들로 북적이잖아.

와, 사람과 물건이 정말 많네요~.

싸요, 싸!

여기가 더 싸요!

맛있는 떡볶이랑 호떡도 사먹고 갖고 싶던 물건도 하나 사고 그러면 더욱 재미나던 시장 구경이었지.

어른들에게도 시장 구경은 여전히 흥미롭단다.

우리는 시장 구경이 너무 좋아!

그래서 다른 나라를 여행하는 사람들도 종종 시장 구경을 코스에 넣곤 하지.

여행계획 ① 시장가기

그런데 베이컨은 무엇을 시장의 우상이라고 했을까? 도대체 시장의 무엇이 우리의 정신으로 하여금 잘못된 판단에 이르게 한다는 거지?

온갖 신기한 물건? 많이 모인 사람들?

베이컨이 말하는 시장의 우상은 물건을 사고 파는 시장 그 자체에서 나오는 문제가 아니야.

너무 어려워요~.

어렵게 생각할 것 없어. 우선 시장에 많이 모여든 사람들에게 집중해 봐.

사람들이 많이 모였으니까 시끌벅적해지겠지?

와글 와글

왜냐하면 사람들 사이에는 수많은 말들이 오가니까.

베이컨은 바로 사람들 사이에 오가는 '언어' 의 문제에서 시장의 우상을 찾았어.

찾았다! 시장의 우상, 이 녀석!

윽..!

시 장

언어는 우리가 의사소통을 하는 통로가 돼.

어머~

사랑해.

일종의 사람들 간의 사회적 약속인 셈이지.

정아! 앞으로 저 별을 우리 별이라고 부르는 거야!

네~

우리끼리 '밥' 이라고 말하면 김 나는 밥이 떠오르겠지만

미국 사람, 프랑스 사람은 고개를 갸우뚱하겠지?

밥?

결국 '밥' 은 우리나라 사람들 간에 통하는 약속인 셈이야.

한글은 우리나라 사람끼리 통하는 언어잖아.

혹시 페터 빅셀이 쓴 《책상은 책상이다》 라는 책을 읽어본 적 있니?

무척 흥미로운 내용이어서 소개해주고 싶어.

으~ 어려울 것 같은데….

그 책에는 언어가 사람들 간의 사회적 약속이라는 것을 재미있게 묘사해 놓았단다.

엇! 재미있다고요?

한 남자가 있었어.

어느 날 그 남자는 이런 생각을 하게 돼.

왜 항상 책상은 책상이라고 불러야 하지?

왜 그림을 그림이라 부르고,

침대는 침대, 의자는 의자라고 불러야 하는 거야!

프랑스 사람들은 침대를 '리(lit)'라고 부르고 책상은 '타블(table)'이라 부르고 의자는 '셰에즈(chaise)'라고 부르잖아.

또 중국 사람들은 자기들만의 방식으로 의사소통하지.

그래서 중국 사람과 의사소통하려면 중국말을 배워야 해.

니취팔로마?

뭣!?

그렇다면….

침대를 사진이라고 부르지 말라는 법도 없잖아?

좋아! 나는 지금부터 침대를 사진이라고 부르겠어!

의자는 괘종시계라고 부르고 책상은 양탄자라고 부를래!

이렇게 자신만 아는 단어의 의미를 만들어가기 시작한 거야.

하하하! 밥은 똥이라고 불러볼까?

이제 이 남자는 피곤해서 사진 속으로 들어갔어.

그리고 아침마다 오랫동안 사진 속에 누워 있었지.

아아, 역시 사진 속은 포근해~.

그리고 양탄자 옆의 괘종시계에 앉아 아침 똥을 먹었지.

이야~ 오늘 아침 똥은 유난히 맛있는걸?

이 남자는 자기 혼자서만 사용하는 단어들을 만들어내고 혼자 사용하기 시작했어.

심심한데 방귀나 봐야겠다!

어느 순간 세상 사람들이 쓰는 단어를 들으면 내용을 이해할 수가 없는 지경에 이르고 말았지.

우리 사진 찍자, 자기야~

헉…! 저 말이 무슨 뜻이었더라?

자신만의 언어는 결국 언어로서의 의미가 없는 거야. 언어는 다른 사람들과 의사소통을 하기 위해 사용하는 것이고 사회적 약속인 셈이니까.

이 화장실 똥 좀 드셔 보세요. 너무 맛있어요.

네에~?!

그러므로 언어는 태어나고 죽기도 해.

태어난다는 말은 언어가 만들어진다는 의미야.

우아, 킹왕짱이다!

킹왕짱?

'휴대전화' 란 말도 우리에게 너무나 익숙하지만 몇 년 전만 해도 없던 말이지.

난 태어난 지 몇 년 안 됐다고~.

그리고 없어지는 말도 생기지.

네? 언어가 없어지다니 그게 무슨 뜻이에요?

몇 년 전만 해도 모두들 '국민학교'를 다녔어.

국민학교

하지만 국민학교라는 명칭은 일제시대 황국신민의 학교라는 의미로 소학교가 국민학교로 바뀐 거였어.

앞으로는 소학교를 국민학교라 불러라!

저런 나쁜….

그래서 민족 정기를 회복하는 차원에서 '초등학교'로 바뀌었지.

와아

이렇게 국민학교라는 단어는 없어진 셈이지.

지금은 초등학교가 올바른 표현이란다.

독도는 한국땅 입니다..

이렇게 언어는 인간이 필요에 의해 만들게 되는 거야.

한글은 세종대왕님이 만드셨다는 것 다들 잘 알고 있지?

그리고 그렇게 만들어진 언어는 사람들 간의 소통과 사고에 영향을 미치게 되지.

내일 밤 이집의 보물을 훔쳐가겠다.

그런데 언어는 추상적인 개념이기 때문에 의사소통을 할 때 서로 다른 개념으로 잘못 이해할 수도 있고 잘못된 개념이 인간의 사고를 방해할 수 있어.

나는 이 요강이 갖고 싶었어. 나에게는 이게 보물이라고!

대감님! 도둑이 비우지도 않은 요강을 훔쳐갔습니다!

뭣이, 그놈이 말한 보물이 고작 요강이란 말이냐?

베이컨은 특히 어떤 말이 잘못 만들어지게 되면 인간의 지성은 엄청난 방해를 받게 된다고 보았어.

잘못된 말

잘못된 말

으악 저리 가!

왜냐하면 우리는 인간의 지성이 언어를 지배한다고 생각하지만 베이컨은 언어가 우리의 지성이나 사고에 영향을 끼치는 일이 있다고 보았거든.

난 밤이 싫어!

무슨 소리야! 이 밤에 만나자고 한 것은 너잖아!

특히 베이컨은 시장의 우상이 모든 우상 중에서 가장 성가신 우상이라고 보았어.

이 성가신 녀석!

시장의 우상

언어와 명칭이 사물과 결합해서 인간의 지성을 혼란스럽게 만들기 때문이야.

언어

명칭

사물

인간의 지성

베이컨은 언어가 지성에 강요하는 우상에는 두 종류가 있다고 했어.

1

2

첫째는 명칭만 있고 실재하지는 않는 것들이야.

나처럼 말이야!

여기에 주의를 기울이지 않았기 때문에 아직까지 명칭이 없는 사물도 있고 실재하지 않는데도 공상으로 만들어 놓은 명칭도 있어.

나와 함께 파라다이스로 떠나지 않을래?

그런 곳이 있기는 한 거야?

그럼 명칭만 있고 실재하지 않는 대표적인 것들에는 무엇이 있을까?

아주 쉬운 예를 들면 귀신, 용, 인어, 봉황 같은 것들이야.

그러면 어떤 문제가 발생하지?

사람들은 귀신, 용, 인어, 봉황이라는 말이 있으므로 이러한 것들이 실제로 존재한다고 판단하기도 해.

까악

용이 나타났다!

도망쳐라!

쿠릉

그리고 이름만 있을 뿐 그것에 해당하는 것이 존재하지 않는 것에 대해서 심각한 논쟁을 벌이기도 하지.

인어는 내가 잡아올 거야!

웃기지 마! 내가 잡아!

예를 들어 귀신 이야기를 해볼까?

우왓! 재미있는 귀신 이야기요?

귀신 이야기라니까 벌써 귀가 솔깃하지?

네~

헤헤

비가 오는 음침한 날, 번개도 치고 천둥도 으르렁거리면

쿠르릉

전등 스위치를 꺼놓고 꼭 한 번씩 선생님을 조르곤 하잖아.

탁,

선생님! 무서운 귀신 이야기 해주세요!

헉!

저마다 어디선가 들은 귀신 이야기 하나씩 풀어 놓으면

그때 복도 끝에서 발자국 소리가….

바짝 긴장해서 무서워하면서도 다들 눈은 반짝반짝, 귀는 쫑긋해지던걸.

뚜벅

뚜벅

뚜벅

귀신 이야기 나온 김에 귀신이 싫어하는 게 복숭아니 마늘이니 십자가니 해가며 귀신을 쫓는 방법까지 얘기가 분분하지.

그럴 땐 마늘과 십자가만 있으면 돼!

아니야, 좁쌀을 뿌려야 해!

그럼 귀신의 종류는 얼마나 될까?

전해오는 이야기로는 귀신의 종류가 헤아릴 수 없을 만큼 많지.

심지어 화를 입히는 귀신 외에도 인간에게 복을 가져다 주고 수호해 주는 귀신도 있다고 하니 말이야.

결국엔 귀신이 있다, 없다는 토론에 이르기도 해.

귀신은 있어!

귀신은 없어!

그러니 무엇 하나 분명한 것이 없지?

에이~ 그만 두자!

그리고 결론을 내릴 수도 없어.

미스터리

그래서 베이컨은 이 세상에서 존재하지 않는 것에 대한 논쟁은 공허하고 쓸모없는 논쟁이며 인간의 지성을 혼란에 빠지게 할 뿐이라고 했지.

시간만 소비할 뿐 어떠한 성과도 없잖아.

….

특히 이렇게 실재는 없고 명칭만 있는 언어가 철학이나 학문에서는 좀 더 심각한 문제를 낳게 된다는 거지.

대체 학문을 방해하는 게 왜 이렇게 많은 거야~.

베이컨은 그런 종류에 속하는 명칭으로 '최초의 동자', '행성 천구', '불의 원소' 등을 들었어.

이 어려운 명칭들은 당시 학문하던 사람들이 사용하던 용어야.

최초의 동자

행성 천구

불의 원소

이런 것들은 잘못된 학설의 산물들이야.

사라져!

다행히 이런 종류의 우상들은 비교적 쉽게 몰아낼 수 있다고 보았어. 그러한 황당한 학설 자체를 계속 거부하면 헛된 명칭들도 사라지게 될 테니까 말이야.

종말이 다가왔다!

무시하자고~.

베이컨이 예로 든 여러 가지 명칭 중에서 '불의 원소'를 잠깐 살펴보자.

불의 원소는 아리스토텔레스가 말한 4원소 중의 하나야.

4원소가 뭔데요?

응? 그것도 몰라?

아리스토텔레스는 물질의 근원을 물, 불, 흙, 공기라는 네 가지 원소로 봤어.

공기

물

흙

불

고대 그리스의 여러 철학자들은 만물의 근원, 즉 물질이 무엇으로 이루어졌는지에 관심이 많았어.

대체 너희들은 어떻게 이루어진 거니?

탈레스는 만물의 근원을 물이라고 보았지.

만물의 근원은 물이야!

오~ 탈레스!

그리고 엠페도클레스는 물질의 근원이 물, 불, 흙, 공기라는 4원소설을 주장해.

내가 바로 엠페도클레스야~!

아리스토텔레스는 이 4원소 외에 뜨거움과 차가움, 마름과 축축함이라는 네 가지 성질을 제안했어.

난 이외에도 뜨거움, 차가움, 마름, 축축함이 있다고 생각하네.

엥? 또 있다고?

흙은 차고 마른 성질을 갖고 있고

물은 차고 습한 성질을,

공기는 뜨겁고 습한 성질을, 불은 뜨겁고 마른 성질을 갖고 있다고 생각한 거지.

그리고 네 가지 기본 원소와 성질들이 섞이는 비율에 따라 수많은 물질들이 만들어진다는 것이 아리스토텔레스의 4원소설이야.

비율만 잘 섞으면 나무도 만들 수 있을 거야!

그리고 그 4원소 중의 하나가 '불의 원소'인 거지.

어때, 설명을 들어보니까 내가 대단해 보이지?

그러나 이러한 고대 그리스 학자들이 주장한 물질의 근원은 추측에 불과해.

아니, 뭐 그러니까 그럴 것 같다고….

베이컨의 표현을 빌면, 관찰과 실험에 바탕을 둔 자연에 대한 정확한 해석이 아니라 추측, 예단일 뿐인 거야.

이 양반아, 추측이 아니라 노력을 해야지!

나 오늘 너무 많이 혼난다….

그러므로 '불의 원소'는 실재하지도 않는 잘못된 명칭인 거지.

‥‥

아리스토텔레스의 4원소설은 후에 보일, 라부아지에의 정교한 실험에 의해 잘못된 학설로 밝혀지게 된단다.

우리가 안 밝혀냈다면 어쩔 뻔 했니?

그러나 아리스토텔레스의 4원소설은 인간의 지성을 혼란에 빠뜨려 중세의 연금술을 낳게 돼.

연금술이란 흔한 돌이나 금속으로 금을 만들어 내려는 기술이야.

맞아. 하지만 당시에는 물질이 서로 다른 것은 4원소의 비율이 다르기 때문이라고 생각했어.

결국 비율을 바꿔주면 금도 만들어 낼 수 있다고 생각하게 된 거지.

두 번째 종류의 우상은 실제로 있기는 하지만 잘못된 정의 때문에 혼란을 야기하거나 사물의 어느 한 측면만을 나타내고 있는 경솔한 명칭들이야.

베이컨은 당시의 '습하다' 라는 말을 예로 들었어.

이 말은 공통성이 전혀 없는 서로 다른 작용들을 일관성 없이 가리키고 있다고 비판했어.

그럼 '습하다' 라는 말의 뜻을 살펴볼까?

'습하다' 라는 말의 뜻은 쉽게 다른 물체로 확산된다는 것, 고정된 형태를 갖고 있지 않다는 것, 어떤 방향으로든 쉽게 움직여 갈 수 있다는 것,

쉽게 다른 물체로 확산되다.

고정된 형태가 없다.

어떤 방향으로든 쉽게 움직여 간다.

또한 쉽게 나누고 흩어질 수 있다는 것, 쉽게 모이고 쉽게 한 덩어리가 될 수 있다는 것, 쉽게 다른 물체에 달라붙어 축축하게 만든다는 것, 액체 상태와 고체 상태를 쉽게 왔다 갔다 한다는 것 등이야.

습하다?

뭐예요. 너무 많고 포괄적이잖아요!

그러므로 이 명칭을 술어로 쓸 경우, 어떤 의미로 쓰느냐에 따라 화염이 '습하다' 고 할 수도 있고

뭐야! 화염이 너무 습해!

공기가 '습하지 않다' 고 할 수도 있는 거야.

또 먼지가 '습하다' 고 할 수도 있고, 유리가 '습하다' 고 할 수도 있다는 거지.

결국 온 집 안이 습하다는 거야?

이 '습하다' 라는 말이 제대로 된 검증도 없이 경솔하게 쓰이는 개념이라는 것을 알 수 있겠지?

너 대체 정체가 뭐야!

습하다

저도 잘….

베이컨은 이 밖에도 언어에는 여러 단계의 왜곡과 오류가 있을 수 있다고 보았어.

정말 언어에 이렇게 많은 문제가 있을 줄은 몰랐어요.

베이컨은 추상의 정도가 낮고 의미가 한정된 종류의 말이 좀더 정확한 말이라고 보았어.

꺄악! 너무 잘 생겼어요. 베이컨~!

이렇게 말이야.

그러므로 '땅' 이라고 표현하기보다는

조심해서 땅을 밟고 와.

'진흙' 이라든가 '흰 바위' 같은 표현이 더 낫다는 거지.

진흙을 피해 흰 바위를 밟고 와.

네~

오늘날 논리학에서도 개념 정의를 분명히 하는 것을 매우 중요하게 여겨.

교수님, 정확한 뜻을 말씀해 주세요!

습하다

왜냐하면 사용하는 언어의 개념을 분명하게 하지 않으면 공허하고 소모적인 논쟁을 할 우려가 많기 때문이지.

더군다나 잘못된 언어를 책으로 남길 경우 논쟁은 후세까지 이어져.

또한 두 가지 이상의 의미를 가진 말을 구분하지 않고 사용하거나 자신이 사용하는 개념을 분명히 하지 않아 의미에 혼란을 주는 경우도 있어.

저 두 사람은 분명 부녀지간일 거야.

발라드 황제

발라드 공주

예를 들면…

죄인은 감옥에 가야 합니다!

목사님이 모든 인간은 죄인이라고 하셨어요.

그러므로 모든 인간은 감옥에 가야 합니다.

말도 안 되는 억측이지?

엑?!

또는…

어린이는 나라의 보배입니다.

보배는 금은방에 팔 수 있어요.

금은방

그러므로 어린이는 금은방에 팔 수 있어요.

헉!

보배 삽니다.

무엇이 문제인지 보이지?

야, 인마!

껙

베이컨은 잘못된 언어 사용이 인간의 지성에 혼란을 주고 쓸모없는 논쟁을 일으킬 수 있다는 점에서 '시장의 우상' 역시 학문을 하는 데 피해야 할 악습이라고 보았던 거지.

시장의 우상

탁 탁 탁

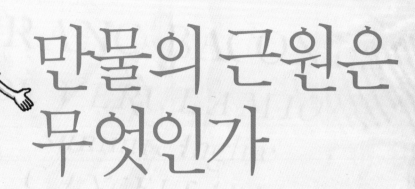

# 만물의 근원은 무엇인가

고대 그리스의 자연철학자들은 만물의 근원, 즉 이 세상을 만든 근본 물질이 무엇인가를 알고 싶어 했습니다.

이 문제에 대해 탈레스는 이 세계의 여러 현상을 만들어 낸 근원이자 근거가 되는 것이 '물'이라고 생각했습니다. 우리 눈에는 여러 모습으로 보이는 이 세계가 모두 물이 변한 모습이라고 생각했던 거예요. 탈레스는 땅이 물 위에 떠 있다고 믿었습니다. 땅이 물 위에 떠 있다는 것은 땅이 물에서 솟아났다는 것을 의미하며, 보다 가벼운 원소인 공기와 불도 마찬가지라는 것이지요. 또한 사물들을 아주 정교하게 가루로 갈거나 그것들을 얇게 분해했을 때 물을 발견하게 될 거라고 보았습니다.

탈레스의 제자 아낙시만드로스는 이 세상을 만든 근본 물질은 '무한한 것'이라고 주장했어요. 어느 특정한 것을 근본 물질이라고 생각하면 여러 가지 곤란한 상황이 발생하기 때문이에요.

아낙시메네스는 '공기'가 만물의 근원이라고 생각했습니다. 굳기의 정도가 다른 모든 원소들은 공기가 압축되어 생겨났다는 것이지요. 존재하는 모든 것은 동일한 물질이 서로 다른 밀도 상태에 있는 것에 불과하다고 보았습니다.

한편 피타고라스는 세계가 '수'에 의해 만들어졌다고 생각했습니다. 그는 가장 근원적인 것이 하나의 물질이 아니라 존재자의 질서 자체, 그리고 그 토대를 이루고 있는 수학적 법칙이라고 생각했습니다.

파르메니데스는 어떤 물질이 다른 어떤 물질로 변화, 운동한다는 것은 불가능한 일이라고 주장하기도 했습니다.

엠페도클레스에 의하면 변화하지 않는 진짜 존재는 하나가 아니라 네 개예요. 흙, 물, 공기, 불이라는 4원소의 결합과 변화에 의해 이 다양한 세계를 설명하려고 했습니다.

데모크리토스는 만물의 근원으로 '원자(아톰, Atom)'를 들었습니다. 원자란 '더 이상 쪼갤 수 없는 것'이라는 의미로 원자의 배열 정도와 방향에 의해 가지각색의 다양한 세계가 완성되어 있다고 보았어요.

이러한 고대 그리스의 자연철학자들에게서 시작된 만물의 근원을 찾는 노력은 현대까지도 계속되고 있습니다. 데모크리토스의 원자설을 거쳐 근대적 원자설이 수립된 것처럼요. 지금은 원자보다 훨씬 더 작은 전자나 쿼크와 같은 입자들도 밝혀지고 있습니다.

# 연금술과 화학의 발전

본래 연금술은 돌이나 흔한 금속을 금으로 만들어 내기 위해 연구하기 시작한 거예요. 연금술은 이미 기원전부터 중국과 인도에서 시작됐습니다. 특히 이집트, 아랍에서 매우 활발하게 연구되었으며 아랍의 연금술은 다시 유럽으로 전해졌습니다. 중세 유럽의 수많은 과학자들은 연금술에 빠져 들었답니다.

이러한 연금술의 이론적 바탕이 된 것은 바로 아리스토텔레스의 '4원소설' 이에요. 아리스토텔레스는 물질의 근원을 물, 불, 흙, 공기라는 네 가지 원소로 보았습니다. 또한 여기에 뜨거움과 차가움, 마름과 축축함이라는 네 가지 성질을 제안했지요. 네 가지 기본 원소와 성질들이 섞이는 비율에 따라 수많은 물질이 만들어진다는 것이 아리스토텔레스의 4원소설입니다. 물질이 서로 다른 것은 4원소와 성질의 비율이 다르기 때문이고 그것을 바꿔 주면 금도 만들어 낼 수 있다고 생각한 거랍니다. 그러나 그렇게도 바라던 금을 만들어 내지 못하게 되자, 원소의 변환을 촉진시키는 기적의 물질이 필요하다고 여기게 됩니다. 연금술사들은 그 기적의 물질을 '현자의 돌' 이라고 불렀어요. 신비한 힘으로 돌이나 금속을 금으로 변하게 한다고 믿었던 거지요.

역사상 현자의 돌을 발견하거나 금을 만들어 내는 데 성
공한 연금술사는 없어요. 그러나 연금술사들은 돌을 금으
로 바꾸려는 수많은 노력 가운데 여러 가지 물질들에서 화
학적 변화를 일으키는 다양한 방법을 발견했고, 질량을 측정하는 저울, 플라스크,
증류기 등 많은 화학 기구들을 발명해 냈답니다. 그와 함께 여러 가지 새로운 물질
들도 발견했고요. 간절히 원하던 금을 만들어 내지는 못했지만 화학 발전의 기반
을 닦았던 셈이에요.

그래서 베이컨은 연금술이 화학에 남긴 유산에 대하여 이솝 우화를 예로 들어
비유했습니다. 연금술은, 임종 시에 아들들에게 포도밭에 금을 묻어 두었다고
유언을 남긴 어느 농부의 이야기와 같은 결과를 가져왔다는 것이지요. 아버지의
말을 들은 아들들은 포도밭을 정신없이 파헤쳤지만 금은 나오지 않았습니다. 대
신 그해 가을의 포도 수확은 매우 풍성했지요. 이와 마찬가지로 금을 만들어 내
려고 시도했던 많은 연금술사의 노력은 뜻하지 않은 화학의 진보를
가져왔다는 거예요.

연금술을 연구하고 있는
철학자의 모습

# 제7장 극장의 우상
## - 학설의 우상

극장의 우상은 무엇일까?
극장은 어떤 곳이지?

극장은 영화를 보는
곳이잖아요!

그래, 맞아. 재미있는 스토리와 인물 그리고
컴퓨터 그래픽까지 우리를 사로잡는 것들이 많지.

약간의 여유가 되면 쉽게 다가갈 수 있는
우리들의 문화 공간으로 자리잡고 있는 게
요즘의 극장이지?

하하하

그러나 베이컨이 살던 시대의 극장은
영화를 상영하는 공간이 아니었어.

극장

영화없음

헉!

왜일까?

신논리학

베이컨이 살던 시대는 16세기야.

그 시절에는 영화를 만들 수 있는 기술이 없었어.

이런 건 상상도 못했지.

최초의 영화의 시작은 1895년으로 봐. 프랑스의 뤼미에르 형제가 파리의 한 카페에서 《열차 도착》이라는 영화를 포함해 몇 개의 짧은 영화를 상영했어.

이 《열차 도착》이란 영화는 기차역에 도착하는 거대한 화물열차의 모습을 찍은 3분짜리 무성영화야.

즉 소리가 없는 영화였지.

비록 3분짜리 무성영화이긴 해도 이것을 처음 본 사람들은 엄청난 충격을 받았다고 해.

당시 관객들은 열차가 자신들에게 달려오고 있다는 착각을 하고 피신하는 소동을 벌이기도 했대.

꺄악~

그러면 베이컨이 살던 시대의 극장은 어떤 곳이었을까?

그 시절의 극장이라면 연극이 공연되던 공간이었어.

우리는 연극을 보기 위해 극장을 갔다고~.

극장

베이컨이 살던 시기에 아주 유명한 극작가가 런던에서 활동하고 있었는데

와 와아

그게 누구예요?

바로 영국이 인도하고도 바꾸지 않겠다고 자부심을 보인 인물, 셰익스피어야!

안녕, 내가 바로 셰익스피어!

영국의 자부심

>

인도

셰익스피어는 극작가이자 시인이었어.

극작가   시인

희극, 비극 모두 합쳐 37편의 희곡과 여러 권의 시집을 발표했지.

와, 정말 많기도 하네요!

시집 희곡 시집 비극 희곡 시집

셰익스피어만큼 작품이 무대에 많이 오르고 자주 인용된 작가는 없다고 해.

이럴 수가 내가 지다니….

섭외1순위

오늘날까지도 끊임없이 작품이 무대에 오르고 영화화되고 있어.

이거 쑥스러운데….

그래서 셰익스피어는 마르지 않는 샘이라고 해.

셰익스피어의 많은 작품 중 아마 너희들의 마음을 한껏 사로잡을 만한 작품이라면 《로미오와 줄리엣》을 빼놓을 수 없을 거야.

아! 로미오와 줄리엣은 저도 알아요!

로미오와 줄리엣

왜 당신은 로미오인가요? 하며 원수 집안 아들과의 사랑에 아파하던 줄리엣. 비극적인 결말에 마음이 아픈 슬픈 사랑 이야기잖아.

그리고 《베니스의 상인》도 무척 인기를 끌어서 몇 주일이나 공연이 계속되었다고 해.

8주 연속 1위 베니스의 상인

《베니스의 상인》은 무엇보다 재판 과정이 흥미로운 이야기야.

왜 재판을 하는데요?

안토니오라는 사람이 샤일록이라는 고리대금업자에게 돈을 빌리게 되는데 갚지 못할 경우 샤일록이 살을 1파운드 가져가겠다는 이상한 계약이었지.

하하하! 1파운드의 살을 빼앗기고 싶지 않거든 꼭 돈을 갚아라! 안토니오!

샤일록, 이 비열한 자식….

그런데 안토니오는 돈을 갚지 못하는 위기에 처하고 만 거야.

크… 큰일이구나!

안토니오에게 감정이 좋지 않았던 샤일록은 계약대로 살 1파운드를 요구했지.

하하하! 네 놈의 살을 가져가야겠다!

헉-

그래서 결국 재판까지 오게 된 거야.

재판관은 물었어.

샤일록, 자비심을 베풀 생각은 없는가?

!

아닙니다. 저는 증서에 적힌대로 안토니오의 살점 1파운드를 도려내겠습니다!

으

음… 샤일록 이놈 고약한 녀석이군….

너희가 재판관이라면 어떤 판결을 내릴래?

….

재판관은 이렇게 판결을 내렸어.

좋다! 샤일록은 안토니오의 살점을 1파운드 가져가라!

네…?

야호!

단, 피는 한 방울도 흘려서는 안 된다!

헉!

그럼 어떻게?

결국 샤일록은 살을 한 점도 도려낼 수 없었지.

피를 안 흘리고 어떻게 살을 도려내라는 거야.

베니스의 상인

자세한 이야기는 직접 읽어보는 게 좋겠지?

기회가 된다면 셰익스피어의 4대 비극 《햄릿》, 《오셀로》, 《리어왕》, 《멕베스》도 읽어보길!

현실은 아니지만 각본에 따라 무대에 올려진 이야기에 사람들은 함께 울기도 하고 웃기도 하지.

무대는 아름답게 꾸며져 있고 오랫동안 준비해 온 멋진 공연이 펼쳐지지.

그래서 현실에서는 평범했던 인물도 무대에 올라가 조명을 받는 순간 멋진 스타가 되기도 한다.

내가 이런 대접을 받다니!

그리고 스타에게 우리는 환상을 품고 열광하기도 하잖아.

저 사람은 화장실도 안 갈 거야~.

잘 꾸며진 각본과 무대를 보고 사람들은 그것이 연극인지 현실인지 구분을 못하기도 해.

이 나쁜 놈, 네가 바람을 피워?

그… 그건 연기였다고요~.

끝내 사랑을 이루지 못한 로미오와 줄리엣 때문에 오래도록 마음이 아프기도 하고

너무 슬퍼…

고약한 샤일록이 얼마나 속이 쓰릴까 생각하면 고소해 하기도 하면서 말이야.

셈통이다! 샤일록!

그러면 베이컨은 무엇을 극장의 우상이라고 부르는 걸까?

글쎄요, 어떤 문제점이 있었죠?

그건 바로 우리가 각본에 의한 연극을 현실과 착각하기도 하는 문제를 학문에 빗대어 표현한 거야.

환상에 젖어 잘못된 학문도 옳다고 보는 문제 말이야.

베이컨은 지금까지 받아들여지고 있거나 고안된 철학 체계들이 무대에서 환상적이고 연극적인 세계를 만들어 내는 각본과 같은 것이라고 보았어.

그러니까 극장의 우상은 학자들이 만들어 놓은 지금까지의 학문을 진리라고 무턱대고 믿으면서 발생하는 거야.

지금까지의 학문이 틀렸을지도 모르는데 말이야.

그래서 베이컨은 극장의 우상을 다른 말로 '학설의 우상'이라고 부르기도 했어.

오랫동안 권위와 명성을 누려 온 잘못된 이론을 사람들이 충분한 검토 없이 진리로 받아들이는 문제인 거지.

플라톤의 말이니 틀림없을 거야!

멋진 무대, 권위 있는 사람, 권위 있는 학설에 대해 찬찬히 살펴보지 않고 맹목적인 지지를 하는 잘못 말이야.

저는 억울합니다!

그래 맞아! 저렇게 멋진 사람이 죄를 지었을 리 없어!

극장의 우상은 종족의 우상처럼 인간이 타고 나면서부터 가지고 있는 것이 아니야.

또한 시장의 우상처럼 우리도 모르는 사이에 인간의 지성에 스며드는 것도 아니지.

극장의 우상은 여러 가지 학설로 만들어진 각본에 의해 혹은 그릇된 논증의 규칙에 의해 공공연하게 주입되고 신봉되는 거지.

철학자들의 극장에 등장하는 각본은, 무대에 오르는 각본처럼 실제 역사로부터 이끌어 낸 진실한 이야기보다 더 진짜 같고 우아하고 신나는 경우가 많다고 해.

이런 잘못된 학설들의 원인은 무엇일까?

베이컨은 사람들이 대체로 적은 것에서 너무 많은 것을 이끌어 내거나 많은 것에서 극히 적은 것만을 이끌어 내어 그들 철학의 토대를 세우기 때문이래.

그래서 그들의 철학은 기초가 빈약하고 불충분한 소수의 사례만으로 판단을 내리게 되면서 문제가 생긴다고 했지.

베이컨은 극장의 우상을 크게 세 부류로 나누었어.

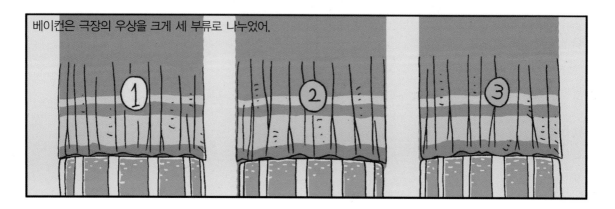

첫째 부류는 '합리파' 혹은 '궤변파' 철학자들이야.

이들은 경험적으로 알 수 있는 여러 통속적인 사례들이 얼마나 확실한 것인지 주의 깊게 조사하거나 고찰해 보지도 않은 채 모든 것을 사색이나 정신의 활동으로 해결하려 하는 사람들이야.

조사해 보지도 않고 결론을 내리다니! 근거를 대봐요!

하하하… 근거는 없지만 자네를 설득시킬 수는 있네.

둘째 부류는 '경험파' 철학자들이야.

이들은 몇 번의 실험을 주의 깊게 열심히 해본 다음 철학 체계를 수립하는데,

알았다! 물은 시간이 흐르면 증발해!

대담하게도 그것을 근거로 모든 것을 그들의 실험에 맞추려 들어.

그렇다면 이 바위도 곧 증발하고 말 거야!

셋째 부류의 철학자들은 신앙과 종교적 숭배심 때문에 신학과 전통을 끌어들이고, 심지어 고차적인 영혼과 귀신에게서까지 학문을 구하려 드는 사람들이야.

그러므로 오류의 근원과 엉터리 철학은 크게 세 종류가 있다고 본 거지. 궤변적인 것과 경험적인 것과 미신적인 것 말이야.

하나하나 좀더 살펴볼까?

궤변

경험    미신

베이컨은 합리파 혹은 궤변파의 가장 두드러진 예로 아리스토텔레스를 들었어.

당신은 궤변파의 선두 주자야!

윽!

베이컨은 아리스토텔레스가 그 자신의 논리학으로 자연철학을 온통 망쳐놓고 말았다고 평했어.

아리스토텔레스가 사물의 내적 진리를 추구하기보다는 어떻게 하면 그럴 듯하고 멋진 대답이 될 수 있을까, 어떻게 하면 명제를 명확하게 나타낼 수 있을까 하는 문제에 고심했다는 거야.

베이컨이 또 날 지목할텐데… 어떤 말을 해야 멋지고 명확한 변명이 될까….

으이구~ 그럴 시간에 실험이라도 한 번 더 해봐!

베이컨은 아리스토텔레스가 실험에 관한 이야기는 수박 겉핥기 식으로 대충대충 넘어간다고 본 거지.

나도 실험 많이 했어!

변명을 위한 실험이 무슨 실험이야!

이 말은 아리스토텔레스가 결론을 미리 내려놓고 그 결론을 뒷받침해 줄 공리를 세우기 위해 경험을 적당히 이용하는 방식을 택했다는 거야.

새로운 발견보다는 내 말을 뒷받침해 줄 근거가 더 중요해!

그래서 경험이 참된 진리를 발견하는 데 기여하는 것이 아니라

남편분이 생전에 죄를 많이 지었나요?

네?
네….

자기 멋대로 내려놓은 결론의 포로가 되어 이리저리 끌려다니고 있을 뿐이라고 비판했어.

역시 벼락은 죄를 많이 지은 사람한테만 떨어지는군.

저…
저게….

그러면 경험파는 어떨까?

경험파

베이컨은 경험파가 궤변파나 합리파보다도 더욱 조잡하고 기괴한 학설을 만들어 낸다고 보았어.

너희가 제일 나빠!

경험파

우~

왜냐하면 경험파는 한정된 몇 가지 실험 속에서 이론을 만들어 내기 때문이야.

내가 키운 식물들을 지켜본 결과 모두 봄에 예쁜 꽃을 피우는구나!

봄은 모든 것을 예쁘게 해!

이런 부류의 철학은 날마다 그와 같은 실험에 종사하여 상상력이 완전히 말라버린 사람들에게는 거의 확실하게 보일 수도 있다고 했어.

혹시 못생긴 여자를 계속 봄날씨 같은 환경에 두면 꽃처럼 예뻐지지 않을까?

오!

그러나 제정신을 가진 사람들에게는 도저히 믿을 수 없는 황당한 이야기가 될 뿐이야.

한심해.

베이컨은 이러한 사람들로는 연금술사들이 해당된다고 했어.

자~ 어서 금이 되거라, 돌들아!

그리고 자석 연구에만 몰두했던 길버트라는 사람도 이런 예에 해당된다고 비판했지.

공범 길버트!

욱

베이컨은 이러한 경험파에 대해서는 경계를 게을리하면 안 된다고 보았어.

가까이 오지 마!

큭….

왜냐하면 실험을 중히 여겨야 한다는 권고를 받아들이기는 하나, 과학론에 대한 이해가 부족하거나 성급한 탓에 소수의 실험만으로 일반적인 명제와 원칙으로 치달을 가능성이 있기 때문이야.

그것 역시 오류로 빠지기 쉽기 때문에 단단히 대항해야 하는 거지.

경험파 반대

물러가라

경험파 반대

미신과 신학이 뒤섞인 미신파는 철학 구석구석에 엄청난 해악을 끼치고 있다고 보았어.

사탄아, 물러가라!

아니, 지금 누구를 보고?

인간의 지성이라는 것이 공상의 영향력에 노출되어 있기 때문에 항상 조심해야 해.

내 말을 따르지 않으면 가족들이 신께 벌 받을 거다!

앞에서 얘기한 논쟁적이고 궤변적인 철학이 인간의 지성을 함정에 빠트린다면 공상적이고 과장적인 철학은 지성의 비위를 맞추려 든대.

당신은 원래 착한 사람이니까 내 말을 들으면 천국에 갈 수 있어!

큰일이야! 왠지 이 사람 말이 진짜였으면 좋겠어.

베이컨은 피타고라스와 플라톤의 철학이 이런 면을 가지고 있다고 해.

윽! 이번엔 우리야?

우리가 수학책에서 만나는 피타고라스는 만물을 수로 보았던 수학자이기도 하지만, 윤회사상을 믿고 콩을 먹는 것을 죄악시했던 종교가였어.

콩을 먹는 것은 죄악이야!

베이컨은 신학적인 것과 인간적인 것이 어리석게 결합되면 공상적인 철학이 등장하기도 하고 이단적인 종교가 출현하기도 한다고 보았어.

지름신은 계십니다!

지름신을 받듭시다!

그러므로 미신파와 같은 헛된 숭배는 막고 규제해야 한다고 보았지!

또!!

꺄악!

그리고 신앙에 속하는 것만을 분별해 믿는 정신이 건전하고 지혜롭다는 거지.

올바른 종교를 갖자고~.

그러면 극장의 우상에 빠지지 않기 위해서는 어떻게 해야 할까?

어떤 철학 체계에 동의하기에 앞서 그 철학이 무절제한 것은 아닌지 주의 깊게 살펴보는 것이 중요해.

너희 모두 아직 믿을 수 없어!

이러한 무절제한 철학들은 우상을 고착화하고 영속화해서 그 우상으로부터 벗어나는 길을 차단하고 말기 때문이야.

으아~ 대체 어디로 나가야 하는 거야?

베이컨은 이러한 무절제한 철학으로 독단론과 회의론 두 가지를 들었어.

앞에서도 언급했듯이 독단론은 무엇이든 성급하게 결정을 내리는 바람에 학문을 단정적이고 독단적인 것으로 만들고 마는 것이지.

독단론자는 하나같이 성급한 결론을 내리거든.

이것은 지성을 억압하게 돼.

그리고 회의론은 불가지론에 빠져 아무 목표 없이 무턱대고 연구만 하는 것이야.

이 연구가 어떤 결과를 내겠지. 하지만 그 결과는 틀릴 수도 있어. 물론 맞을 수도 있겠지.

이 경우는 지성을 약화시키지.

성급하게 결론을 내리는 바람에 학문을 독단적으로 만들고 마는 철학에는 어떤 것이 있을까?

으… 설마 또 나야?

베이컨은 아리스토텔레스의 철학을 들었어.

맞아. 당신이 문제야!

그 철학은 다른 철학을 사정없이 논박해서 완전히 부숴 놓은 다음 하나씩 문제를 좇아 답을 내리지.

으악~ 내 철학!

틀렸어!

그런 다음 제멋대로 문제를 제기하고 마치 확실한 해결책이라도 찾았다는 듯 자기 방식대로 결정을 내린다고 비판했어.

돌이 문제야. 저 돌을 사용해 봐.

저건 자기가 쓰던 돌이잖아?

아리스토텔레스류의 논리학 규칙에 따라 제시된 논증들은 세계를 인간의 사유에 예속시키고, 인간의 사유를 언어에 예속시켜 노예화하는 것 말고는 아무것도 하는 일이 없대.

언어

세계

인간 사유

언어

하하하 나의 노예들

왜냐하면 베이컨은 감각과 그 대상에서 출발하여 성급하게 결론에 도달하는 과정 곳곳에 오류가 있다고 보았거든.

결론

오류

지름길

오류

오류

이 과정은 네 단계를 거치는데 각 단계마다 오류가 있다는 거야.

오류 ①

오류 ②

오류 ③

오류 ④

첫째는 감각의 인상이 부정확하다는 점이야.

감각은 불충분하며 또한 우리를 속이기 때문에 감각의 약점은 보완되어야 하며, 오류는 수정되어야 하는 거지.

너한테서 방귀 냄새가 나는 것 같아!

무슨 소리야. 난 안 꿰었어. 맡아 봐!

둘째로, 개념은 감각의 인상으로부터 올바르지 못한 방법으로 추상되어 명확한 개념이 반드시 필요한 대목에서조차 불분명하고 혼란스런 상태에 있어.

이 방귀쟁이! 이번 범인도 너지?

히히... 이번에도 난데..

흐앙~ 난 억울해~.

셋째로, '통상적인 귀납법'은 제외나 분해 혹은 자연에 대한 올바른 해체는 할 줄 모르고

지구, 화성, 수성은 둥글다.

오로지 단순한 나열에 의해서만 학문의 원리들을 결정하고 있기 때문에 올바르지 않아.

지구, 화성, 수성은 둥그니까 모든 행성은 둥글 거야.

헉! 그럼 나는 행성이 아닌가?

마지막으로 발견과 증명의 통상적인 방법, 즉 먼저 가장 일반적인 명제들을 세워 놓은 다음

부자들은 비싼 차를 몰아.

그 명제들에 비추어 중간 수준의 공리를 적용하고 증명해 나가는 방법이 오류의 근원이고 학문의 재앙이라고 보았어.

김씨는 부자다. 그러므로 김씨는 비싼 차를 몬다!

무슨 소리야! 나는 고유가 시대에 맞춰 소형차를 탄다고!

김씨

한편 불가지론, 즉 아무것도 알 수 없다는 이론에 빠져 목표도 없이 연구만 하는 경우로 베이컨이 비판한 것은

플라톤 학파로, 이들은 회의론을 주장했지.

이들은 제멋대로 결정을 내리는 것보다는 낫지만, 자신들은 진리일 가능성이 있다고 생각되는 것을 따르고 있다고 주장한다는 거지.

우리는 옳은 길로 가는 걸 거야!

하지만 그것이 진리라고 확실하게 주장할 수는 없다고 보는 거지.

확실해?

아마도….

이렇게 되면 인간의 정신에는 어떤 영향을 미치게 될까?

헉!

낭떠러지

베이컨은 인간의 정신이 진리를 발견하는 일에 한 번 절망하고 나면 무엇이든 쉽게 체념하게 되고, 엄격한 탐구의 길을 걷기보다는 시시껄렁한 잡담이나 즐기고 이것저것 집적대느라고 하나도 제대로 하는 것이 없다고 비판했어.

이쪽 길도 아닌 것 같은데….

그럼 우리 더 이상 가지 말고 여기에서 잡담이나 나누자.

아리스토텔레스와 플라톤 철학에 대한 비판이 반복되지?

쥐구멍

베이컨은 당시 오래도록 권위를 누리고 있던 그들 학설에 대한 맹목적 지지, 즉 극장의 우상(학설의 우상)에서 벗어나야 자연에 대한 진정한 탐구가 가능하다고 보았던 거야.

맞아, 사실 우리의 학설이 완벽한 건 아니야. 더 발전시켜 주길 바라.

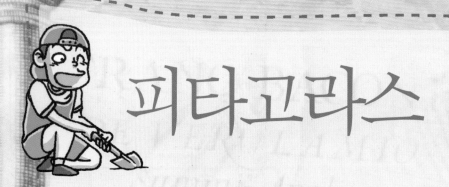

# 피타고라스

피타고라스(Pythagoras)는 우리에게 '피타고라스의 정리'로 무척 친숙한 수학 자입니다. 베이컨은 피타고라스를 미신과 신학을 뒤섞는 미신파로서 철학에 많은 해악을 끼쳤다고 보았어요. 피타고라스는 어떤 인물이었을까요?

피타고라스는 이집트를 시작으로 각지를 돌며 여러 신비적인 체험을 쌓은 후 남이탈리아에서 그의 교단을 만들었습니다. '피타고라스 교도'라 불린 교단 사람들은 재산을 공유하며 일생 동안 공동생활을 할 것, 그들의 비밀을 다른 사람들에게 누설하지 않을 것을 맹세했다고 해요. 피타고라스 교단에는 다음과 같은 계율도 있었다고 합니다. '콩을 먹지 말 것' '떨어진 것은 줍지 말 것' '하얀 새 중에서 수컷은 만지지 말 것' 등.

피타고라스 교단은 세계에서 가장 오래된 수학 연구 센터로, 소수의 발견, 홀수와 짝수의 구실, 정다면체의 제작을 비롯한 초등 기하학의 정리 등이 그곳에서 이루어졌습니다. 그러나 피타고라스 교단은 단지 수학만을 위해 연구하던 곳은 아니었습니다.

피타고라스

　그들은 영혼이 죽지 않는 세계를 동경하여 이 죽지 않는 것에 관여하기 위해, 또는 영혼을 정화하기 위한 수행의 일환으로 수학을 연구했다고 합니다. 피타고라스와 그 제자들은 수학과 그 비례에서 이 세계가 성립되어 있다고 생각했습니다. 만물은 수를 본성으로 하여 만들어졌다고 보았던 거죠.

　그리스의 다른 철학자들이 눈에 보이는 것에서 만물의 근원을 찾으려 할 때, 피타고라스는 눈에 보이지 않는 것에서 만물의 근원을 찾으려 한 거예요. 피타고라스가 원했던 것은 이 세계를 설명하는 것뿐만이 아니라 영원한 것, 죽지 않는 것, 이 세계를 초월한 어떤 것이었다고 합니다. 이 지상 세계 이상의 무엇인가가 있다는 이러한 피타고라스의 사상은 플라톤의 이데아 사상으로 계승되었습니다.

## 제8장 학문이 진보하지 못한 이유

베이컨이 《신논리학》에서 새로운 방법을 논의하는 것은 학문의 발전을 위해서라는 것 알고 있지?

물론이죠~ 이제 베이컨 아저씨를 존경하게 되었어요.

그러면 그동안 학문이 발전하지 못한 이유는 대체 무엇일까?

베이컨은 그 이유를 15가지나 들었어.

헉! 그렇게나 많이요?

그런데 그 이유를 꼭 저희가 알아야 할 필요가 있나요?

문제점을 알고 나면 앞으로 나아가야 할 길이 보이기도 하거든.

베이컨은 학문의 진보가 어려웠던 첫 번째 이유로, 학문에 우호적인 시대가 시간적으로 매우 짧았다는 것을 꼽았어.

나한테 잘해 줬던 건 잠깐뿐이야.

저리 가!

인간이 기억과 지식으로 알고 있는 오랜 세월 가운데 학문이 생겨나고 발달한 기간은 채 6백 년도 못 된다는 거지.

베이컨은 사막과 황야는 땅에만 있는 것이 아니라

학문에도 있다는 표현을 썼어.

즉 사막과 황야같이 학문상의 발전과 생산이 없었던 시기가 길었다는 거지.

대체 이 사막의 끝은 어디야~.

베이컨은 철학에서의 혁명적 시대를 다음과 같은 세 시대로 구분했어.

1기는 그리스인의 것.

2기는 로마인의 것.

3기는 당시 서유럽 여러 나라 국민들의 철학이야.

각 시대마다 해당 기간이 2백 년도 안 되지.

겨우 2백 년이오?

학문

400
300
200
100

그리스  로마  서유럽

그 중간 중간에 있는 세월은 학문이 빈약하고 수확이 거의 없는 흉작과 불모의 시대였다고 보았지.

대부분의 세월동안 아무런 수확이 없었거든.

학문이 진보하지 못한 이유

두 번째로 지적한 원인은 인간의 지능과 학문이 꽤 번성했던 시기에도 '자연철학'은
항상 뒷전으로 밀려나 찬밥 신세를 면치 못했다는 점이야.

베이컨이 말하는 자연철학은 자연에 관한 철학 일반이 아니라
오늘날로 말하면 '자연과학'을 의미해.

베이컨은 자연철학이야말로 모든 학문의
'어머니'라고 보았어.

그 어떤 기술이나 학문도
이 자연철학이라는 뿌리와 단절되면

아무리 열심히 연마해 인간 생활에 유용하게 쓰려고
해도 좀처럼 성장할 수 없다는 거야.

그런데 학문에 있어 제3의 시기라 일컫는
서유럽 국민들의 주요 관심사는
신학 연구였어.

하지만 자연철학에
관심을 가진
사람들도 있지
않았어요?

맞아. 그렇지만 지능이 뛰어난 사람들은
모두 신학에 몰두했지.

그럼 제2의 시기였던 로마인의 시대는 어땠을까?

이 시대는 철학자의 사색과 노력이 주로 도덕철학과 공적인 업무에 집중되었어.

난 또 뒷전이야?

자연철학

도덕 철학    공적인업무

로마 제국이 워낙 광대했기에 우수한 관리들이 많이 필요했기 때문이지.

당시 우리 철학자들은 공무원이었다고~.

다행히 제1의 시기인 그리스인의 시대에는 자연철학이 번성했었지.

와~ 여기서는 내가 대우를 받는구나!

자연철학

하지만 그 기간은 극히 짧았단다.

흐엉~ 그럼 그렇지!

자연철학

초기의 몇몇 철학자들을 제외하고는 하나같이 도덕철학과 정치에 전념하면서 자연철학에서 멀어져 갔다는 거야.

이쪽!

도덕 철학    정치

자연 철학

꺄악~

결국 베이컨이 학문의 시대로 본 세 시대 모두 자연철학은 거의 무시되거나 저해되었으니,

저리 가!

히~잉

자연철학

그리스    로마    서유럽

자연철학 분야에서 진보가 없었던 것은 당연한 결과일 거야.

게임을 할 때도 키우지 않는 종족은 약하잖아.

Lv 90    LV 3

학문이 진보하지 못한 세 번째 원인은, 자연철학을 연구하고 있는 사람들 중에서
한눈팔지 않고 그 일에만 전심전력하는 사람이 드물다는 점이야.

오오~

어디를 보는 거야!

자연철학

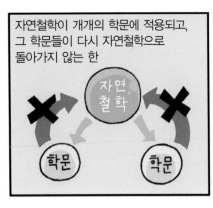

자연철학이 개개의 학문에 적용되고,
그 학문들이 다시 자연철학으로
돌아가지 않는 한

자연
철학

학문

학문

학문의 어떤 위대한 진보도
기대할 수 없다는 것이
베이컨의 생각이야.

자연철학을
무시하지 마!

학문

윽!

그러므로 자연철학이라는 뿌리로부터
단절된 학문들이 성장하지 못한 것은
당연한 결과라고 보았어.

자연
철학

학문

네 번째 원인은 연구 목표가
제대로 설정되지 못했다는
점이야.

대체
어느 산으로
가야 하는
거야?

베이컨이 생각하는 학문의 진정한
목표는 여러 가지 발견과 발명을 통해
인간 생활을 풍부하고 윤택하게 하는
것이었지.

그런데 학문을 한다는 사람들 대다수
가 이 뜻을 조금도 이해하지 못하고
직업적으로 품팔이나 하고 있다는
거야.

으이구~ 먹고
살려고 매일
이 짓이구나.

대다수 사람들은 기술과 학문을 축적하고 증진시키는
것을 연구의 목적으로 삼는 것이 아니라

기술과 학문의
축적·증진

목표

이미 자기 수중에 들어와 있는 기술과 학문조차도
직업적인 이득이나 명예에 별 도움이 안 되는 것은
거들떠 보지도 않은 거지.

기술
학문

이건 해봤자
돈도 안 되고
명예도 얻지 못해!

설혹 학문에 대한 순수한 사랑을 가지고 학문 그 자체를 위해 탐구하는 사람이 있다 해도,

나는 학문을 조건 없이 사랑해.

이런 사람들이 하는 일이 엄격하고 정밀한 진리 탐구라기보다는 다양한 학설들에 대한 고찰에 머물러 있다는 거야.

누구의 학설이 맞는 거지?

고찰은 그만 하고 탐구 좀 해!

학문이 진보하지 못한 다섯 번째 원인은 학문의 목적과 목표를 제대로 설정한 경우에도 사람들은 잘못된 길, 길 아닌 길로 접어들었다는 점이야.

으악! 목표를 향해 가야 하는 데…….

잘못된 길

목표

이는 목표를 제대로 설정하지 못한 것과 마찬가지지.

이들은 무엇인가를 발견하려고 마음먹은 뒤 그 주제에 대해 다른 사람들이 연구해 놓은 것을 조사해서 섭렵해.

좋아! 다른 사람들이 발표한 내용을 다 이해했어!

그리고 거기에 자기 생각을 보태어 혼신을 다해 열심히 생각하고 또 생각하여

뭔가 더 대단한 것이 나올 때까지 생각해 보자!

말하자면 '신탁'이 내릴 때까지 '생각하는 것'뿐이라는 거야.

으악! 아직도 떠오르지 않아!

오로지 '열심히 생각하는 것' 하나로 무엇인가를 발견하려는 이런 방법 가지고는 근거 없는 억측밖에 나올 것이 없겠지?

상상력만으로는 근거 있는 주장을 하기 힘드니까 말이야.

여섯 번째 문제점은 학문을 하는 사람들이 체통에 얽매인 허영과 편견 때문에 경험을 소홀히 했다는 점이야.

감각의 대상이 되는 사물을 대상으로 하는 실험을 가까이 하면 인간의 정신이 위엄을 잃는다는 생각들을 하고 있었다는 거지.

사물들의 탐구는 힘이 드는 일이기 때문에 사색의 대상으로 삼기에는 저속한 것이고

응용하기에는 품위가 떨어지는 것이며

그 수가 너무 많아서 감당하기 힘들다고 생각했던 거지.

또 너무 미묘해서 잡을 수도 없다고 하는 독단적인 사고방식 때문에 경험은 무시되거나 오용되었어.

심지어는 혐오스러운 것으로 배척당하는 지경에 이르렀다는 거지.

학문의 진보를 지체시킨 일곱 번째 원인은 고대의 것에 대한 무조건적인 숭상과 철학계의 거장으로 통하는 사람들의 권위에 대한 맹목적인 추종과 일반적인 동의를 들 수 있어.

신논리학

그런데 베이컨은 '고대'라는 말 자체가 잘못된 것이라고 봤어.

고대라는 것이 세계가 나이를 먹어 오래된 시대를 의미하는 것이므로 우리 시대가 바로 고대라는 거지.

무슨 말인지 모르겠지?

나이 든 사람이 젊은이보다 세상일을 더 잘 알고 더 성숙한 판단을 내릴 수 있다고 생각하는 이유가 뭘까?

그건 바로 그들의 경험이 많고, 보고 듣고 생각한 것의 수와 종류가 더 많기 때문이야.

나도 그랬던 경험이 있어. 이럴 땐 말이지….

그렇다면 지금 우리가 살고 있는 세계가 고대보다 더 나이를 먹었고 실험과 관찰이 쌓이고 증가했으므로 고대보다는 베이컨의 시대에 기대를 걸어야 한다는 거지.

과거보다 지금 내 경험이 더 많아!

더구나 베이컨이 살던 시대에 들어와 육지나 바다, 별과 같은 물질세계 구석구석이 폭넓게 탐구되었는데도

우리 지식의 세계가 고대인이 발견한 좁은 세계에 머물러 있다면 수치스러운 일이라는 거지.

무슨 소리! 고대인들이 지구는 네모랬어!

그리고 권위에 대한 맹목적 추종이나 일반적 동의에 따르는 것 역시 정신의 허약함을 보여주는 것이라고 비판했어.

이 철학이 최고야. 이 철학자처럼 해야 해.

학문이 진보하지 못한 여덟 번째 이유는 오랜 세월에 걸쳐 인류에게 전해 내려온 풍부한 성과에 대한 찬탄이야.

중력의 법칙을 알아내다니 정말 대단해요!

사람들은 여러 가지 멋진 도구와 장치 들을 보면서 그 풍요로움에 감탄을 하지.

그러나 그 기술들이 현재와 같은 세련된 상태에 이르기까지 얼마나 많은 세월이 걸렸는지,

거기에 적용된 인간의 관찰과 자연의 공리가 얼마나 적은지,

그것도 얼마나 쉽게, 즉 우연히 무심결에 발견된 것인지 생각해 볼 필요가 있다는 거야.

오~

그러면 감탄은 사라지고 그토록 오랜 세월이 지났는데도 기술과 발견이 어찌 이토록 빈약하고 부족한가 하는 탄식이 나올 것이라는 거야.

조금만 더 관심을 가졌더라면 훨씬 많은 성과가 있었을 것 아니에요?

도서관은 어떨까?

도서관

엄청나게 많은 책을 보면 감탄이 절로 나오지?

와~ 정말 많은 사람들의 노력이 이곳에 담겨 있군요!

그러나 그 많은 책의 재료와 내용을 주의 깊게 살펴보라는 거야.

신논리학

그러면 많은 책을 보고 놀라서 벌어졌던 입이 다물어지고 대신 불평이 나올 거래.

엥?

바로 이렇게 말이야.

어찌하여 같은 이야기를 끝없이 반복하는 거지?

똑같은 일을 하고 똑같은 것을 말한 사람이 왜 이렇게 많은 거야!

종류가 많은 것에 감탄하던 사람이 막상 재료가 빈약한 것을 보고 인간이 지금까지 연구했다는 것이 고작 이것이란 말인가 하고 놀라게 될 것이래.

지금까지 연구한 결과가 이것뿐이야?

연구하고 발표한 책들은 많지만 모두 비슷한 내용뿐이야~.

그럼 아홉 번째 이유는 무엇일까?

아홉 번째 이유는 사람들의 감탄보다 더 큰 문제야.

바로 사람들의 감탄을 계속 부추겨 온 사람들, 즉 학문을 취급하거나 후세에 전해 온 사람들이 문제라는 거야.

포장 좀 그만해!

고대 학문 홍보팀

그들은 학문을 눈부시게 장식해서 마치 모든 분야에 걸쳐 완벽하게 완성된 것처럼 사람들 눈앞에 내놓았다는 거지.

학문 → 답안지

사람들은 더 이상 손댈 여지가 없는 상태로 전수 받았다고 믿었어.

아~ 이런 거구나.

과거 학문

그렇기 때문에 그 이상의 것은 추구하지 않아도 된다고 생각해 버렸던 거야.

이제 알았어! 연구~ 끝!

열 번째 문제는 옛날부터 전해 내려오는 어떤 학설들은 그 학설을 주창한 사람이 터무니없이
요망한 말로 사람들의 관심을 끌어 신용을 얻었다는 점이야.

생명을 연장하고 늙지 않게 하고 미래의 일을
예언하는 일 등,

철학에서 이런 호언장담을 일삼는 요망한 술책이
자라나는 과학 정신을 억압해 왔다는 거지.

열한 번째로 과학에 더 큰 상처를
입힌 것은 무엇보다도 노력 자체가
부족했다는 점이야.

노력은 고사하고 교만을
떨고 거드름을 피웠었지.

그리고 노력이 있었다 하더라도 쓸데없는
일에 온통 힘을 쏟았어.

또한 분야를 가리지 않고 어떤
기술의 창시자든 그 기술의 결함을
자연의 탓으로 돌렸대.

자신의 기술로 해결할 수 없는
문제에 부딪히면

그 문제는 자연의 이치상
불가능하다고 단정을 내버리는 일
같은 거지.

그래서 당시의 철학이 중요하게 여기는 주장이나 신조도 잘 살펴보면

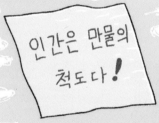

결국 인간의 기술이나 노력으로 자연을 지배하거나 정복할 수 있다는 기대를 갖지 말라는 것이라고 해.

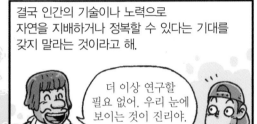

더 이상 연구할 필요 없어. 우리 눈에 보이는 것이 진리야.

정말 회의적이지?

이러한 주장의 문제는 인간의 능력에 재갈을 물리고 절망에 빠지게 한다는 거야.

절망

결국 노력해 볼 엄두도 못 내고 경험의 기회를 잃어버리게 하는 거지.

달에 가 보고 싶지만 어차피 인간의 힘으로는 불가능해. 포기하자.

그들이 바라는 것은 세상 사람들에게 자신의 철학이 완전하다는 칭송을 듣는 허망한 일이야.

진리는 자기 자신에게 있다.

그 말이 정답이야!

완벽해

와～아

어리석은 허영심과 비뚤어진 공명심 때문에 지금까지 발견하지 못한 것이나 이해하지 못한 것은 앞으로도 발견할 수 없고 이해할 수 없다는 그릇된 믿음을 조장하고 있는 셈이야.

나는 우주선을 만들 수 있을 것 같은데….

웃지 마! 인간의 힘으로는 불가능해.

윽… 이 녀석이 달에 가면 내 말은 틀린 게 돼.

그럼 이제 열두 번째 문제점으로 넘어가 볼까?

열두 번째

열두 번째 문제는 자연철학은 어느 시대를 막론하고 미신과 종교적 맹신, 무절제한 열광이라는 적수들과 싸워야 했다는 점이야.

그리스인 가운데 천둥번개와 폭풍우의 자연적 원인을 탐구해 학설을 세웠다가 신에 대한 불경죄로 고소를 당해 유죄 판결을 받은 사람도 있었어.

감히 신이 한 일을 자연적 현상이라고 말하다니!

또한 지구는 둥글며 지구 반대편에도 땅이 있다고 말했다가 고초를 겪은 사람도 있었지.

지구는 네모야!

갈릴레이 이야기는 유명하지?

베이컨은 이 때문에 자연철학에 대한 연구 환경이 한층 어렵고 위험하게 되었다고 보았어.

꼬르륵

왜냐하면 스콜라 철학자들의 경우 신학을 될 수 있는 대로 질서정연하게, 학문적 형식에 맞게 만들려고 했어.

신학을 더욱 설득력 있게 만듭시다.

그것도 모자라 종교의 실체를 논하면서 아리스토텔레스의 논쟁적인 철학을 필요 이상으로 많이 끌어들이고 있었지.

신학

이리 붙어!

엇!

또한 기독교의 진리를 철학의 원리에서 이끌어내고, 그 철학자들의 권위에 기대어 확인하는 일을 해온 사람들도 있었어.

좋았어! 설득력 있는 철학자들의 말을 인용하자!

베이컨은 이것이 신적인 것과 인간적인 것의 부당한 혼합이라고 보았어.

신학 + 철학

그런데 그게 자연철학과 무슨 연관이 있어요?

당대에 널리 인정된 철학이 일단 신적인 것과 혼합되고 나면

그 후에는 어떤 새로운 철학이 등장해도, 심지어 신학에 혼합된 철학보다 더 나은 철학이 등장해도 모두 추방되거나 없어지고 만다는 거지.

감히 신에게 도전하다니 물러가라!

여기서 끝이 아니야.

신학자들의 무지 때문에 아무리 개선된 철학이 있어도 거기에 이르는 길이 완전히 막혀 있는 경우도 있어.

멈추시오!

즉 하느님의 비밀을 엿보지 못하도록 한 성서의 금령을 곧이곧대로 받드는 신학자들이 있다고 비판했어.

예를 들면 '지식은 인간을 교만하게 한다.'라든가 '여러 책을 짓는 것은 끝이 없고 많이 공부하는 것은 몸을 피곤케 하느니라.' '지혜가 많으면 번뇌가 많으니 지식을 더하는 자는 근심을 더하느니라.' 같은 것들이야.

지식을 쌓는 자는 모두 신의 뜻을 어기는 것이다!

헉! 살려 주세요! 제가 성서를 본 적이 없어서 그런 말씀이 있는 줄 몰랐어요!

이들은 자연을 너무 깊이 탐구하는 것은 하느님이 허락하신 인간의 본분을 벗어나는 행위라고 생각했어.

그래서 자연탐구의 길을 처음부터 차단하고 마는 것이지.

일부 신학자들은 과거의 예를 들어가며 철학적인 논의와 변화는 결국에는 종교에 대한 공격으로 이어진다고 생각해서 철학을 두려워하기도 했어.

과거처럼 종교를 공격 하는 건 두려워~

또 일부 신학자들은 자연을 탐구한 결과 종교의 권위를 뒤집어엎거나 적어도 뒤흔드는 것이 발견되면 어쩌나 하는 두려움 때문에 철학을 두려워하기도 했지.

혁!

만약 진화론이 맞다면… 신이 인간을 창조한 게 아니란 말이야?

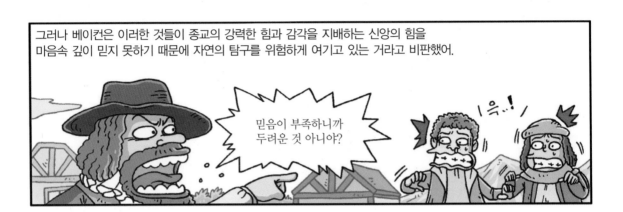

그러나 베이컨은 이러한 것들이 종교의 강력한 힘과 감각을 지배하는 신앙의 힘을 마음속 깊이 믿지 못하기 때문에 자연의 탐구를 위험하게 여기고 있는 거라고 비판했어.

믿음이 부족하니까 두려운 것 아니야?

으..!

베이컨은 자연철학이야말로 성서를 따르고 미신을 물리치는 명약이라고 했어.

저리 가!

자연철학

미신

또한 신앙을 살찌우는 훌륭한 양분이 될 거라고 했지.

신앙

베이컨의 주장은 성서가 하느님의 의지를 나타내는 것이고 자연철학은 하느님의 능력을 나타내는 것이라는 거야.

하느님의 뜻대로 자연철학을 연구하라!

인간의 마음을 강력하게 지배하는 종교가 일부 사람들의 무지와 무분별한 열광 때문에 자연철학을 적으로 삼아왔으니,

종교

자연철학

종교에 발목을 잡힌 자연철학이 제대로 진보하지 못한 것은 당연한 일인 거지.

철컹

종교

자연철학

학문의 진보를 방해한 열세 번째 문제는 학문의 육성을 위해 설치된 학교나 대학 시설의 관습과 제도야.

학교가 문제라고요?

학문의 발전을 위해 세워진 시설의 관습과 제도가 왜 학문의 진보를 방해한다고 본 걸까?

못 가!

학 교

학교 같은 데서 연구하는 사람들이 모두들 어느 특정한 학설에 갇혀 있는 거지.

특정학설

그래서 그들과 의견이 다른 사람이 나타나기만 하면 질서를 교란하고 혁명을 꾀하는 것으로 간주하고 배척하는 경향을 보이기 때문이야.

넌 이제 학자가 아니야!

윽!

베이컨은 학문상의 혁명을 정치상의 변혁과 동일하게 보는 것을 비판해.

적어도 학문에서는 변혁을 두려워하면 안 돼!

변 혁

정치의 경우에는 더 좋은 세상을 위한 변혁이라 하더라도 그것이 야기하는 소동 때문에 위험시될 수 있거든.

정치에서의 변혁은 국민의 의견이 가장 중요하니까!

그러나 기술과 학문의 경우에는 새로운 작업이 시작되거나 진전이 이루어지면 광산의 경우처럼 사방팔방에 그 사실을 알려야 한대.

여기 새로운 학문이 있어요!

여기요, 여기!

학 문

그러나 현실은 완전 딴판으로 학문의 관리와 통제는 언제나 진보를 억압해 왔다는 거지.

윽!

새로운 학문

접근금지

열네 번째 원인은 학문의 진보를 위한 노력이나 시도에 아무런 보상이 주어지지 않는다는 점이야.

아무 보상도 필요 없는 사람만 오세요~.

학문진보의 길

진보를 위한 시도와 노력에 대해 아무런 보상이 주어지지 않는다면 그것만으로도 학문의 진보는 억압되기에 충분하다고 보았어.

이쪽 길은 너무 힘들어. 나 돌아갈래.

설령 보상을 해준다고 해도 그 일이 동일인에게 속하지 않는 것에 문제가 있어.

그게 무슨 뜻이죠?

무슨 얘기냐 하면 학문의 진보는 위대한 천재들의 일이고

천재

그 업적에 대해 포상이나 보상을 하는 일은 학문을 잘 알지 못하는 보통 사람들이나 군주의 몫이라는 거지.

난 평가할 줄도 모르는데… 누구한테 상을 줘야 하지?

심사위원

그래서 학문상의 진보를 이룩한 사람은 보상은커녕 대중의 찬사조차 받지 못하는 경우가 생기는 거야.

음… 이 사람한테 주자!

나한테 상을 줘야지 무슨 짓이야!

왜냐하면 학문적 업적이 대다수 사람들이 이해할 수 있는 범위를 넘어서는 것이니까.

당신 의견은 내가 전혀 이해 못 하겠던데?

그건 당연하지! 으앙~ 억울해!

그러므로 대접다운 대접 한번 받아보지 못한 일이 제대로 성공하지 못한 것은 놀랄 일이 아닌 거지.

학문

휙

에이~ 성공해 봤자 대접도 못 받을 텐데. 그만 두자.

그러나 베이컨이 학문의 진보에 가장 큰 장애가 된 것으로 본 것은 바로 이거야.

열다섯 번째

바로 사람들의 절망감과 자포자기!

분명 우리 전부 실패할 거야!

생각이 분명하고 분별 있는 사람들이 하나같이 학문의 진보에 자신 없어 하는 것이지.

학문의 진보

왜냐하면 그들은 이렇게 생각했거든.

자연의 이치는 무궁해서 다 알 길이 없는 데다가 인간의 생명은 짧고 감각은 우리를 속이고 판단은 약한 것이잖아…

이들은 바다에 밀물과 썰물이 있듯이 학문에도 세월의 흐름과 시대의 변화를 따라 학문이 성장하고 발달하는 시기가 있는가 하면 침체하고 쇠퇴하는 시기도 있다고 생각했어.

또한 일정한 단계와 수준에 도달하면 더 이상 진보는 불가능하다고 생각했지.

하하! 여기가 제일 높은 곳이야.

그러므로 누군가 위대한 것을 믿거나 혹은 약속하는 사람이 있으면 '아직 철이 덜 들어서 천지를 모르고 하는 소리'라고 비웃었지.

저는 꼭 더 높은 것을 찾아 올라갈 겁니다!

홋… 처음에는 신명을 내지만 이내 난관에 부딪힐 것이고 결국에는 혼란에 빠지고 말 거야.

어때, 정말 학문의 진보를 가로막는 것들이 많지?

맞아요… 학문이 진보하는 것은 더 이상 무리일 것 같아요.

그러나 베이컨은 이제 학문의 진보가 이루어질 수 있다는 희망을 말하고자 한단다.

네? 아직 희망이 남아 있나요?

물론이지. 더욱 자세한 건 9장에서 알아보자!

9장

이제 베이컨은 학문의 진보가 이루어질 수 있다는 희망을 말하고자 해.

만약 희망이 없다면 지금까지 말한 것이 모두 절망의 이유가 되겠지?

맞아요. 그럼 너무 암울할 거예요.

베이컨은 희망을 품어도 좋다는 주장이 황당한 소리가 아니라는 것을 보여주기 위해 몇 가지 근거를 제시한단다.

이걸 보면 내 말이 황당한 소리가 아니라는 걸 알게 될 거야.

근거

마치 콜럼버스가 대서양을 횡단하는 항해에 앞서 새로운 땅과 대륙을 발견할 수 있다는 근거를 밝힌 것처럼 자신도 그러한 근거를 제시하겠다고 하지.

당시 사람들은 콜럼버스가 제시한 근거들을 묵살했지만 결국 그의 말이 옳았다는 것이 증명된 것처럼 말이야.

신대륙

베이컨은 그 근거로 먼저 하느님 이야기에서부터 시작해.

아무래도 당시의 종교적 상황에서 자유롭지 못했던 거겠지.

일단 종교인들을 설득해야 내 철학이 살아남을 수 있었거든.

그래서 베이컨은 자연에 대한 지식의 추구가 신에 대한 도전이거나 불경이 아니라는 것을 먼저 밝히고자 했어.

난 신에 대해 도전하는 게 아니야.

베이컨은 학문의 진보를 추구하는 일이 본성적으로 아주 선한 일이므로 선의 창조자이자 빛의 아버지인 하느님으로부터 말미암은 것이 분명하다고 주장해.

나는 하느님의 뜻대로 학문의 진보를 추구하는 거라고!

그리고 성서의 한 구절을 인용한단다.

어디에 있더라….

《다니엘서》에 이런 구절이 있어.

많은 사람이 빨리 왕래하며 지식이 더하리라.

베이컨은 이 구절을 세계를 일주하는 탐험과 학문의 진보가 같은 시대에 일어나도록 운명적으로, 하느님의 섭리로 정해져 있다는 의미로 해석해.

지금이 바로 하느님의 뜻대로 학문이 진보해야 할 시기라고!

세계일주는 이미 달성되었고, 적어도 빈번한 장거리 항해로 그 완성을 눈앞에 두고 있으니

신대륙 행

이제 남은 일은 학문의 진보라는 거야.

학문

이러한 생각은 《신논리학》 표지 그림에 상징적으로 나타나 있지?

다음으로는 지금까지 시도해 보지 않은 '방법'에서 강력한 희망의 근거를 찾아낼 수 있다고 보았어.

지금까지 발견을 위해, 학문의 육성을 위해 그토록 오랜 세월 동안 노력했는데도 아무런 진보가 없었다면, 지금에 와서 누군가 학문의 진보를 말하는 것은 뻔뻔하고 주제넘는 소리가 될 수도 있어.

감히 네가 우리도 못한 것을 이룰 수 있다고? 그렇게 잘났어?

하지만 길을 잘못 드는 바람에 전혀 엉뚱한 일에 온 힘을 뺀 것이라면 이야기가 달라진다고 하지.

물론 저보다 능력이 뛰어나시지만 그 능력을 잘못된 길에 쓰셨어요.

연구 대상인 사물 그 자체는 똑같아.

그렇다면 인간의 지성과 그 지성의 실제 응용에 문제가 있다고 할 수 있는 거야.

사물 그 자체에 문제가 있다면 어쩔 수 없는 노릇이지만 인간의 지성이 문제라면 치료할 수도, 고칠 수도 있다는 이야기야.

그… 그렇군.

그러므로 과거에 학문의 진보를 방해한 것이 많으면 많을수록 앞날의 희망의 근거도 그만큼 많다고 할 수 있는 거지.

방해한 것을 물리친 만큼 진보도 할 수 있을테니 말이야.

또 다른 희망의 근거는 학문하는 태도에서 나와.

태도요?

베이컨은 학문하는 태도를 '개미'의 방법과 '거미'의 방법, '꿀벌'의 방법에 비유했어.

개미는 재료를 모으기만 하는 특징을 가지고 있어.

더 많은 재료를 모아야 해!

거미는 자신의 속에서 거미줄을 끌어내지.

역시 난 대단해!

그런데 꿀벌은 꽃에서 재료를 모아 그것을 꿀로 변형시켜 내놓아.

여기서 베이컨은 무슨 이야기를 하고 싶은 걸까?

?

베이컨이 개미의 방법을 갖고 있다고 본 사람들은 경험론자들이야.

더 많이 경험하고 자료를 모아야 해!

단순한 경험들을 단지 모으기만 할 뿐 제대로 된 공리를 내놓지 못하는 사람들인 거지.

그런데 지금까지 모은 자료를 어떻게 정리해야 하지?

거미의 방법을 갖고 있는 사람들은 독단론자들로, 지성의 힘으로 생각에만 의존해서 성급한 결론을 내리는 사람들이야.

제발 뒷받침할 근거가 명확한 결론을 내려!

윽!

거미

베이컨은 참된 철학자라면 꿀벌의 방법을 써야 한다고 보았어.

짜 잔

개미처럼 경험과 실험을 통해 얻은 재료를 가공하지 않은 채 기억 속에 쌓아두기만 해서도 안 되고, 거미처럼 정신의 힘에만 의존해서도 안 돼.

베이컨은 꿀벌처럼 모은 재료를 지성의 힘으로 변화시켜 연구해야 한다고 보았지.

경험의 능력과 이성의 능력을 잘 결합한다면 좋은 결과가 나올 거라는 희망이 가능한 거야.

나를 본받으라고!

그리고 지금까지 순수한 자연철학이 나오지 않은 점도 희망의 근거가 될 수 있어.

지금까지의 자연철학은 문제가 있었거든.

그동안의 자연철학은 불순물에 오염되어 있다고 보았던 거지.

자연철학이 논리학에도 오염되어 있고, 자연신학에도 오염되어 있으며 수학에도 오염되어 있다고 보았어.

베이컨은 수학은 자연철학을 생성하거나 창조하는 것이 아니라 자연철학을 완성시킬 때 쓰는 것이라고 보았어. 그러므로 불순물이 섞이지 않은 순수한 자연철학이 등장한다면 좋은 결과를 가져올 거라고 기대해도 되는 거지.

자, 순수한 자연철학을 기대하시라~!

오~

게다가 확고한 결의를 가진 사람이 나온다면 더욱 기대를 걸어 볼 만하지.

제가 한번 해보겠습니다!

베이컨이 기대를 거는 사람은 나이를 먹을 만큼 먹고 균형 잡힌 감각과 명쾌한 정신으로 다시 한 번 경험과 개별적인 사례의 연구에 전념하고자 하는 사람이야.

윽…! 난 아니네.

그런 사람이라면 기대를 걸어 볼 만 하지 않겠어?

다음으로 베이컨은 실험 결과들을 포함하면 자연철학이 더 진보할 거라고 기대했어.

대상에게 여러 가지 환경을 적용해 보는 거지!

대상

사람의 경우도 아무 일 없이 평온할 때는 어떤 사람인지 잘 파악이 안 되잖아?

이 사람은 대체 어떤 사람이지…?

오히려 무언가 일이 생겼을 때 그 사람의 본성이나 위기 대처 능력, 지적 능력, 그 사람의 감정 상태나 처리 방식이 잘 보이고 그 사람을 잘 알게 되는 법이야.

으악~! 벌레다! 이런 이런! 나쁜 벌레!

웽

마찬가지로 자연도 가만히 두었을 때보다 인간이 기술로 조작을 가했을 때,

이 물에 열을 가해 보자.

즉 실험했을 때 자연의 본질이 더 잘 드러날 거라고 보았거든.

아하! 물은 열을 가했을 때 증발하는구나!

그리고 그 실험은 빛을 가져오는 '계명* 실험'이어야 한다고 했어.

계명 실험이오?

*계명(啓明) – 샛별.

베이컨은 수익 실험, 즉 장인들이 이익을 얻기 위해 하는 실험은 학문의 진보에 도움이 안 된다고 보았지.

빨리 빨리 만드는 법을 연구해서 돈을 많이 벌어야지!

계명 실험이란 수익성은 없지만 원인을 발견하고 공리를 세우는 데 큰 도움이 되는 실험을 말해.

음… 어떻게 하면 더 단단한 그릇을 만들 수 있을지 연구해야 해!

이러한 실험들은 학문의 진보에 대한 희망이 될 수 있는 거지.

베이컨은 자료가 수집되고 준비되었다 하더라도 지성의 기억에만 의존해 그 일을 해내려 해서는 안 된다고 했어.

엥? 그럼요?

우리가 기억에만 의존하는 게 불안하다고 느낄 때 무엇을 하지?

음….

생각났다! 메모를 해요!

타

맞았어. 베이컨은 학문에도 메모가 필요하다고 본 거야.

memo

지금까지 발견 작업들이 사색에 더 많이 의존해 왔기 때문에 기록으로 남아 있는 실험 결과들이 없다고 본 거지.

연구는 하지 않고 영감이 떠오르길 바랐으니까.

아무런 기록 없이 말로만 떠도는 발견들은 인정할 수 없다는 뜻이기도 해.

노아의 방주는 잠수함이었어!

설계도도 남아 있지 않고 근거가 없잖아.

그러므로 그와 같은 발견들이 전부 다 기록되어 널리 쓰이게 된다면 학문의 진보에 더 큰 희망을 품어도 되는 거지.

이와 같은 기록들은 후세에 물려줄 큰 유산이라고!

그러면 이렇게 기록된 것의 이름이 뭔데요?

베이컨은 이것을 '발견표'라고 이름 붙였어.

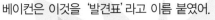

발견표

발견표는 탐구 주제에 관한 개별적인 사례들을 적절한 순서로 일목요연하게
분류, 정리, 정돈해서 만들어야 해.

줄서 줄!

빨간색은 이쪽!

왜냐하면 개별적인 사례들은 수없이 많고 그
개미떼 같은 사례들은 사방에 흩어져 있기 때문에
지성에 혼란을 일으키거나 헷갈리게 하기 쉽기
때문이지.

으아~ 복잡해.

그러면 정신은 이러한 발견표가
제공하는 잘 정리된 자료의
도움을 받게 되는 거야.

나는 발견에
큰 도움이
된다고.

발견표

그러면 이러한 자료를
대하는 태도는
어떠해야 하죠?

베이컨은 이 자료들에서 곧바로 새로운
개별적인 사례나 성과를 탐구, 발견하려
해서는 안 된다고 했어.

그럼 발견표에서
위대한 발견을
찾아볼까?

그게
아니야!

큰 기대를 걸 수 있는 발견은 개별적인
사례들로부터 일정한 방법과 규칙에
의해 이끌어낸 '공리' 라는 거지.

일정한 방법과
규칙이 필요해!

발견표

여기서 공리란 말이
어렵지?

공리

공리라는 말을 사전에서 찾아보면 '수학이나 논리학에서 증명 없이
자명한 진리로 인정되며, 다른 명제를 증명하는 데 전제가 되는
원리' 라고 나온단다.

공리란 우리가 '점은
넓이나 길이가 없다.' 고
정해둔 것과 같은 거야.

공리란 존재의 근거가 되는
실재 원리지.

'전제가 되는
원리' 정도로
알아두자고!

공리

그러나 공리를 이끌어낼 때도 개별적인 사례에서 저 멀리 있는 가장 일반적인 공리로 단숨에 비약해서 그 공리로 중간 수준의 공리를 증명하거나 설명해서는 안 된다고 했어.

전국적으로 비가 내리고 있을 거야. 지금 같은 여름에는 비가 많이 오니까 말이야.

비가 오는 것은 여기뿐이야!

이러한 일은 삼단논법의 증명 방식에 오래 길들여져 생기는 문제점이라고 봤어.

삼단논법

단계를 밟아 개별적인 사례에서 저차원의 공리로, 그 다음에 중간 수준의 공리로, 계속해서 고차적인 공리로 차차 올라간 다음, 마지막으로 가장 일반적인 공리에 도달하는 거야.

일반적 공리

고차원 공리

중간수준 공리

저차원공리

베이컨은 이 중에서 '중간 수준의 공리'를 매우 중요하게 여겼어.

중간수준의 공리

저차원

고차원

저차원의 공리는 감각적 경험 그 자체와 별 차이가 없어.

얼음은 단단하고 차갑고 미끄러워.

저차원

가장 고차원인 일반적 공리는 관념적이고 추상적이어서 실질적 가치가 없지.

오~ 이것은 냉철한 마음과 같아.

고차원

그러나 중간 수준의 공리에는 진실과 생명이 있다고 나는 보았어.

그러므로 베이컨은 중간 수준의 공리를 거쳐 일반적인 공리를 내세운다면 너무 추상적이지 않은, 적용의 한계가 분명한 쓸모 있는 공리가 될 거라 보았어.

저차원

중간 수준

고차원

한 번도 시도되지 않은 단계적 상승법에 의한 연구가 시도된다면 학문의 진보에 희망을 품어도 좋다는 거지.

희망

단계적 상승법

이제 귀납법을 얘기할 차례야.

귀납법이야말로 학문의 진보에 희망을 가져도 좋다는 근거거든.

수집된 자료로부터 일반적 공리를 수립할 때 지금까지 사용해 온 것과는 다른 방식을 써야 한다고 했지?

기존 방식

그것이 바로 베이컨이 강조하는 '귀납법'이야.

제1의 원리는 물론이고 중간 수준의 공리, 아니 모든 공리의 증명과 발견에 이 귀납법을 사용해야 해!

귀납법

베이컨은 귀납법을 두 가지로 구분했어.

귀납법 1    귀납법 2

하나는 '단순 나열의 유치한 귀납법'이고, 다른 하나는 '참된 귀납법'이야.

단순 나열의 유치한 귀납법    참된 귀납법

이 둘의 차이점이 뭐예요?

단순    참된

단순 나열의 유치한 귀납법은 손쉽게 얻을 수 있는 소수의 사례를 두드러진 사례들만 가지고 판단하는 거야.

A는 24세이다. B도 24세이다. C도 24세이다. 24세는 모두 대학생이다. 그러니까 24세인 D도 대학생이다!

때문에 믿을 만한 결론을 내릴 수 없을 뿐만 아니라, 한 가지라도 반대 사례가 나타나면 결론이 당장 무너지게 되는 위험이 있는 방식이야.

무슨 소리야! 나는 대학생이 아니고 군인이라고!

헉!

그러므로 진리를 발견하는 방법이 아니겠지?

참된 귀납법은 적절한 배제와 제외에 의해 자연을 분해한 다음, 부정적 사례를 필요한 만큼 수집하고 나서 긍정적 사례에 대해 결론을 내리는 거야.

소금의 특징 중에는 물에 금방 녹고 쉽게 부서진다는 것이 있지만 이것은 설탕도 마찬가지니까 부정적 사례로 볼 수 있겠군.

하지만 긍정적 사례로 소금이 짠맛을 낸다는 것을 들 수 있겠어.

부정적 사례를 살펴본다는 것은 마치 토론을 잘 하는 사람이 상대편의 반론이 무엇인지 잘 이해하고 자기 논리를 세우는 것과 같은 논리겠지.

소금은 물에 쉽게 녹아!

흥! 물에 쉽게 녹는 것이 소금뿐인 줄 알아?

반론에도 무너지지 않는 논리가 강한 논리니까.

하지만 짜고 물에 녹는 건 소금뿐인걸.

베이컨은 참된 귀납법을 도입하기 위해서는 지금까지 아무도 생각 못한 많은 일들을 해야 하고 또 삼단논법보다 더 많은 노력을 기울여야 한다고 했어.

영차 영차

삼단논법

참된 귀납법

참된 귀납법의 도움을 받으면 공리를 발견하기도 쉽고 개념을 규정하기도 쉬워지지.

그러므로 학문 진보의 희망이 되는 거야!

공리

이렇게 과거의 잘못과 결별하고 잘못을 시정한다면 절망은 사라지고 희망의 길이 열리겠지.

툭

삼단논법

으앗!

그런데 이것들 말고 또 다른 희망의 근거는 없나요? 조금 부족한 느낌이….

당연히 있지!

헉!

베이컨은 많은 유용한 발견들이 '우연한 기회'에 이루어진 것에 관심을 가졌어.

오~ 이것이 부력의 법칙!

징벙

많은 유용한 발견들이 관심을 기울이고 탐구한 결과로 얻어진 것이 아니라, 소가 뒷걸음으로 쥐를 잡듯 우연히 이루어진 거라는 거지.

엇!

결과

그러니까 누군가가 나서서 전심 전력으로 탐구한다면,

그것도 일정한 방법과 순서에 따라 서두르지 않고 중단 없이 해 나간다면,

그보다 훨씬 많은 발견이 이루어질 것은 당연하다고 본 거야.

베이컨은 자연의 품에는 우리가 익히 알고 있는 것과는 차원이 다른, 기상천외한 보물들이 인간에게 이용될 날을 기다리며 묻혀 있다는 점도 희망의 근거가 될 수 있다고 보았지.

나 좀 이용해 줘~!

천연가스

이런 면에서 베이컨이 감탄한 물건들이 몇 개 있는데,

그것들은 아무도 상상조차 해본 일이 없거나 불가능하다고 생각한 것들이었어.

우아~ 대체 그게 뭔데요?

그 첫 번째 주인공은 바로 대포야.

누군가 대포가 발명되기 전 대포에 대해 이렇게 설명했을 거야.

아주 먼 거리에서도 성벽이나 견고한 보루까지 뒤흔들고 때려 부수는 신 발명품이야!

그 말을 들은 사람들은 어떻게 생각했을까?

전통 무기에 발사력을 더욱 강하게 했거나 돌진력이나 파괴력을 증대한 무기쯤으로 상상했겠지.

콰

앙

히익!

그런데 격렬하게 팽창하고 폭발해 불의 폭풍을 일으키는 그런 무기일 줄 누가 상상이나 했겠냐는 거야.

....

두 번째는 명주실이야.

누군가 명주실에 대해 이렇게 설명했어.

양모보다도 훨씬 결이 고우며 아름답고 부드러운 실이 발견되었습니다!

이것으로 옷을 만들어 입거나 홈패션을 만들면 너무나 좋습니다.

이 말을 들은 사람들은 신기한 식물 섬유나 결이 고운 동물 털이나 새의 깃털 같은 것을 떠올렸어.

그런데 작은 누에가 자아내는, 그것도 해마다 계속 자아내어 써도 부족함이 없는 그런 실이 있다는 것을 꿈엔들 생각이나 했겠냐는 거지.

세 번째는 나침반이야.

나침반이 발견되기 전에 동서남북의 4방위를 정확히 알 수 있는 기구를 누가 상상이나 했겠냐는 거지.

와~ 이젠 길 잃을 걱정 없이 마음껏 항해를 할 수 있어!

이 모든 발명품들은 예전부터 우리가 알고 있던 것과는 완전히 종류가 다른 것들이었기 때문에 기존의 지식이 아무 도움이 될 수 없었다는 거야.

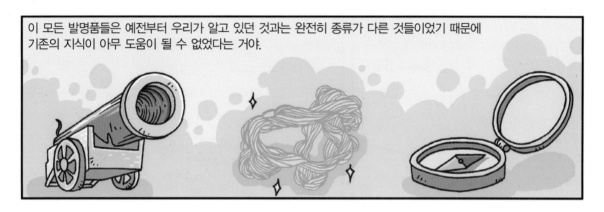

베이컨은 자연의 품에 묻힌 보물들을 자신이 말한 방법대로 탐구해 나간다면, 한꺼번에 그 모습이 드러날 수 있으리라 보았어.

귀납법

귀납법 오셨다! 모두 나와라!

베이컨이 감탄한 또 하나의 발명품이 있는데

엇! 또 있어요?

바로 인쇄술이야.

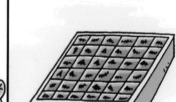

대포나 명주실, 나침반, 설탕, 종이 같은 것들은 사물과 자연의 특성을 알아내어 그것을 실용화한 것이지만

인쇄술의 경우에는 사물과 자연의 특성에 대한 힘든 연구 과정을 전혀 거치지 않고 얻어낸 산뜻한 발명품이라는 거지.

물론 그렇다고 해서 노력 없이 내가 탄생한 건 아니지만 말이야

학문의 보급에 너무나 유용한 이 발명이 오랫동안 빛을 보지 못한 이유는 무엇일까?

난 언제쯤 세상에 나갈 수 있는 거야?

자형을 배열하는 것이 손으로 글을 쓰는 것보다는 어려운 일이지만, 자형은 한 번 배열해 놓으면 몇 번이고 인쇄할 수 있다는 사실을 미처 깨닫지 못했기 때문이지.

글을 30권 분량이나 써야 하는데 자형을 만들 시간이 어디 있어….

어떤 발명이든지 그것이 이루어지기 전에는 그런 일은 있을 수 없다고 고개를 절레절레 흔들어.

한 번 배열하면 몇 권이고 책을 만들 수 있다는 것은 말도 안 돼.

하지만 막상 발명이 이루어지고 나면 이번에는 그것을 모르고 지내온 자신의 미련함에 대해 고개를 절레절레 흔드는 법이야.

헉! 왜 진작 이 생각을 못했을까… 내가 바보였네!

그러한 것이 바로 희망을 품어도 좋은 근거가 될 수 있다고 보았던 거지.

이러한 면을 고치면 더욱 나아질테니 말이야.

또 다른 희망의 근거가 남아 있어.

또요?

지금까지 인간들은 쓸데없는 일에 엄청난 노력과 시간과 재산을 쏟아 부었거든.

헤 헤

연금술을 만드는 데에 부족한 점은 없나?

연구비와 인력을 더욱 늘려 주십시오!

하지만 그 가운데 일부만이라도 건전하고 견실한 연구에 돌린다면 어떤 어려움이라도 능히 극복할 수 있다는 거야.

쓸데없는 연구에 힘쓰지 말고 제발 제대로 된 연구를 해봐!

윽…!

신논리학

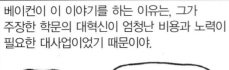

베이컨이 이 이야기를 하는 이유는, 그가 주장한 학문의 대혁신이 엄청난 비용과 노력이 필요한 대사업이었기 때문이야.

나 혼자 힘으로는 학문의 대혁신을 이루기 힘든데….

말하자면 왕실의 지원이 필요한 사업이라는 거지.

왕실

그리고 이 수많은 학문 진보에 대한 희망 앞에서 베이컨은 당부하고 있어.

수집해야 할 개별적인 사례가 실로 엄청나게 많다는 사실에 미리 겁을 먹지 않기를 말이야.

개별 사실

자연에 대해 우리가 품는 의문에 베이컨이 제시한 방식에 따라 답하는 사람이 나타나기만 하면, 여러 원인들의 발견과 학문의 진보는 불과 수년 안에 이루어질 것이라고 격려해.

희망

가능한 일이야. 겁먹지 마!

그리고 희망의 미풍이 미약하더라도 일단 시도해 볼 것을 강조하고 있어.

앞으로 나아가자!

최아아

시도했다가 성공하지 못한 경우 인간의 작은 노력이 헛수고가 되는 데 그치지만

시도도 안 해 본 경우에는 실로 엄청난 이익을 눈앞에서 놓치는 일이 벌어질 수 있기 때문이지.

실패할 것 같아. 그냥 돌아가자.

학문의 진보

그래서 실패를 두려워 하지 말고 시도하라는 말이 있잖아.

실패를 하는 것은 아무것도 안 하는 것보다 훨씬 낫다고도 하지.

## 제10장 귀납법을 위한 예비적 설명

베이컨은 왜 예비적인 설명을 하고자 하는 걸까?

베이컨에게 《신논리학》 제1권의 목적은 마음의 준비를 시키는 것이었어.

제2권에서 말하게 될 내용을 쉽게 받아들이고 이해할 수 있도록 말이야.

새로운 사물에 대한 편견은 낡은 생각에 사로잡혀 있을 때에 생기지.

그래서 앞에서는 우리 정신을 사로잡고 있는 우상들에 대해 살펴보았지?

네~

하지만 이것 외에도 편견은 새로운 것들에 대한 지레짐작이나 섣부른 기대를 할 때도 생겨날 수 있단다.

헉! 또 있어요? 큰일이네요….

그래서 베이컨은 새로운 논리학, 즉 귀납법을 살펴보기 전에 예비적인 설명을 먼저 하고자 했어.

예비적 설명
신논리학
1권

베이컨의 논의에 대해 제기될 수 있는 반론과 의심을 살펴보는 거지.

난 2권의 변호사라고!

1권 2권

귀납법을 좀더 잘 받아들이도록 하기 위한 사전 작업인 셈이야.

그럼 《신논리학》에 대한 반론과 의심을 살펴볼까?

먼저, 또 하나의 새로운 학파를 창립하려는 것이냐 하는 의문에 대해서야.

베이컨 당신은 신논리학이라는 새로운 학파를 창설하려 하고 있어!

뭐...

이에 베이컨은 철학의 어떤 새로운 학파를 창립하는 것이 아니라는 점을 분명히 하고자 해.

아니야!

헉

천체의 현상은 하나이지만 그에 대한 가설은 무수히 많이 생겨날 수 있지.

천동설
창조설
빅뱅설
지동설

그러므로 새로운 학설을 제창하는 것이 오히려 더 쉬운 일이라는 거야.

가설은 마음만 먹으면 얼마든지 세울 수 있으니까 말이야.

그러나 베이컨의 관심사는 인간의 능력과 위대함을 기초로 이를 더욱 견고히 하고 그 범위를 더 확장하는 것이었어.

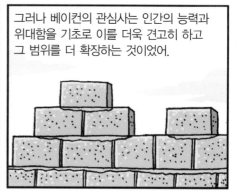

후대를 위한 순수한 진리의 씨앗을 뿌리고 위대한 사업의 싹을 틔울 수 있다면 그것으로 만족할 뿐, 보편적인 이론이나 통합적인 이론을 주창할 생각은 없다는 거지.

진리의 밭

나는 인간들이 자연의 진리를 알고 그로 인해 더욱 윤택한 삶을 살 수 있는 발판이 되고 싶었을 뿐이야.

나아가 눈에 보이는 성과를 기대하는
사람들도 있겠지?

바로 이런
사람들 말이야.

근거로 당장 그 성과를
보여주시오!

하지만 베이컨은 당장 특정한 성과를
제공하거나 약속하지 않겠다고 해.

그럼 정말로 성과를 낼 수
없는 것 아니에요?

하하,
아니야!

베이컨은 성급하게 성과에서 성과를 이끌어 낸다거나 실험에서 실험을 이끌어 내는 것은
옳지 않다고 보았던 거지.

성과와 실험에서 원인과 공리를
이끌어 내야 해.

원인   공리

성과   실험

그런 후 이 원인과 공리에서 새로운 성과와 실험을 이끌어
내는 것이 올바른 방법이라고 보았지.

원인
공리

성과
실험

우리가
좀 성급했나….

좀더 큰 성과를 기대하고 있기 때문에 아직 이삭도 패지 않은
이끼 같은 식물을 급하게 베어 들이기보다는

충분히 성숙한 다음의 풍성한 수확을
기대하는 것이 좋다는 거야.

또 베이컨이 만든 발견표를 보고 그 실험 가운데 불확실하거나 완전히 틀린 것이 있는 것을 보게 될 수도 있지.

엇! 뭐야. 이건 잘못된 실험 결과잖아?

그러면 그것 때문에 베이컨의 노력이 잘못된 기초와 원칙에 의한 것은 아닌지 근본적인 의심이 생기겠지.

이봐, 베이컨! 이런 결과가 나온 건 당신의 잘못된 기초와 원칙 때문 아니야?

윽!

그러나 세상에 처음부터 완벽한 것은 없다는 것이 베이컨의 대답이야.

나 역시도 마찬가지고 말이야.

글자를 쓸 때도 한두 획은 틀리게 마련이고 인쇄를 할 때도 틀린 글자나 빠진 글자가 생기곤 하지.

베이콘

마찬가지로 발견표에 수록된 실험 가운데 잘못 알고 있거나 잘못 인정된 것이 있더라도….

경험과 관찰과 실험을 통해 원인과 공리를 발견할 수 있어.

원인과 공리의 발견을 통해 잘못된 실험들도 제거할 수 있지.

그러니까 귀납법의 기초가 되는 우리를 의심하지는 말아 줘.

경험  관찰  실험

또한 발견표와 실험 가운데는 가볍고 흔해 빠진 것도 탐구에 포함될 거라는 거야.

턱

흔한 일들은 사람들의 주의를 끌지 못하는 바람에 연구가 소홀해졌거든.

나를 깔고 앉지 마! 나는 다이아몬드라고!

헉

이것들이 제대로 탐구되지 못한 상황 자체가 바로 철학을 해친 주범이야.

즉 흔히 볼 수 있는 현상의 원인과 그 원인의 원인을 미리 탐구해 밝혀 놓지 못하는 한,

으앗~! 정전기가 대체 왜 생기는 거야?

드물게 일어나는 현상이나 사람의 주의를 끄는 현상에 대해서도 판단을 내릴 수 없고, 새로운 어떤 것도 밝혀낼 수 없다는 거야.

도대체 번개는 왜 생기는 거야….

또한 저속하거나 불결한 사례들도 마찬가지야.

태양은 궁전도 비추고, 시궁창도 비추지?

하지만 시궁창을 비춘다고 해서 태양이 더러워지지는 않잖아.

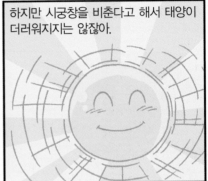

베이컨은 저 세계의 가르침에 따라 존재할 가치가 있는 모든 사물은 알 가치가 있다고 보았어.

저속한 것이든 고귀한 것이든 존재하는 한 마땅히 지식의 대상이 되어야 해.

맞아! 인간들은 우리 거미들을 혐오하지만 사실 우린 해충을 억제하고 인류의 생존에 공헌하고 있다고!

아무 쓸모없어 보이는 기묘하고 시시콜콜한 것 역시 마찬가지야.

여기 있는 나무들이 거슬렸는데 잘됐다! 모두 베어 버리자!

이러한 것들도 꼭 필요한 시기가 있어.

이러한 것들을 시시하다고 외면하는 사람은 자연에 대한 통치권을 획득하는 것도, 행사하는 것도 불가능하지.

으악! 나무가 없으니까 산사태가 생기네!

하지만 이러한 베이컨의 작업에 대해 이런 반론이 제기될 수 있겠지.

이러한 반론 말이야.

기존의 모든 학문과 학자들을 단칼에 베어 버리다니!

게다가 옛것을 살피지 않고 자기 혼자 잘났다고 주장을 세우는 것은 무엄한 태도가 아닌가!

베이컨 역시 이전의 모든 성과를 깡그리 무시하는 것은 온당치 못한 일이 될 수도 있음을 인정해.

맞아, 이전의 모든 성과를 무시해서는 안 돼.

인정

기존의 학설에 잘못과 결함이 있다 하더라도 근본적인 개념에는 오류가 없을 경우 그 후의 참신한 발견에 의해 수정, 보완해 나갈 수 있는 거지.

고치면 돼.

탕 탕 탕

그러나 근본적인 오류가 있어서 단순히 사물에 대한 판단이 잘못된 정도가 아니라

헉! 썩었잖아!

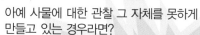

아예 사물에 대한 관찰 그 자체를 못하게 만들고 있는 경우라면?

윽!

근본적 오류

이런 학설이 아무 성과도 얻지 못한 것은 처음부터 얻고자 하는 바가 없었기 때문이고,

내 학설은 성과를 얻기 위해 세운 게 아니거든.

어떤 목표에도 도달하지 못한 것은 처음부터 가고자 하는 곳이 분명치 않았으며

어디로 가야 하지?

어떤 과정도 밟지 못한 것은 처음부터 발걸음을 내디뎌 본 일이 없었기 때문이라고 보았어.

Start

결국 베이컨의 판단은 기존 학설에 근본적인 오류가 있으므로 새롭게 출발해야 한다는 거지.

이렇게 기존 학설과 학자들에 대해 비판하는 베이컨에게 무엄하다는 비난이 따를 수도 있겠지?

물론 베이컨의 주장이 능력을 비교해서 말하는 것이면 무엄하다는 비난은 정당하지.

맞아. 나도 뛰어난 능력이 없는데 선배 철학자들의 능력을 두고 운운한다면 내가 무엄한 것이 맞지.

하지만 베이컨은 능력을 두고 이야기한 것이 아니야.

베이컨의 주장은 도구, 즉 자나 컴퍼스를 사용하면 맨손으로 눈을 부릅뜨고 그리는 것보다 훨씬 잘 그릴 수 있다고 말하는 것뿐이야.

혼자 잘났다고, 능력 있다고 하는 것이 아니므로 무엄하다고 하는 것은 온당한 비판이 아닌 거지.

베이컨이 말하는 학문의 발견 방법은 만사를 확실한 규칙과 논증에 의해 처리하는 것이기 때문에 지능의 우열은 문제가 되지 않는다고 했어.

하지만 또 다른 반론도 생길 수 있겠지.

정말 끝이 없네요. 이번엔 뭐예요?

바로 베이컨이 하고자 하는 일이 옛날에 이미 다 해놓은 일일 뿐이라는 거야.

네가 최초인 줄 알아? 우리도 했던 일을 네가 새로운 일인양 하는 것뿐이야!

으..!!

고대인들도 사색의 초기 단계에서는 실례와 개별적인 사례들을 넉넉하게 준비해서 이들을 항목별로 묶어 '견문 일지'를 만들었어.

그리고 이 자료를 참고로 철학과 기술도 수집했지.

견문 일지

그런 다음 자기 학설을 발표하고 이 학설을 설명하고 증명하기 위해 간혹 실례를 든 경우도 있다는 거야.

나도 너 정도 역할은 했다고.

견문 일지 → 발견표

다만 집 짓는 사람들이 집을 다 짓고 나서 발판이나 사다리를 버리는 것처럼

개별적인 사례들을 모아 놓은 비망록이나 작업 일지는 번잡하게 여겨 발표하지 않았지.

저런 걸 발표해서 뭐해….

베이컨 역시 이를 인정해.

물론 그랬을 거야.

인 정

다만 그들의 방법은 몇 가지 개별적인 사례에서 출발해 곧바로 가장 일반적인 결론이나 학문의 제1원리로 비약했어.

우리 집에 있는 감나무꽃, 포도나무꽃, 귤나무꽃은 모두 열매를 맺어. 그러니까 모든 꽃은 열매를 맺어!

그리고 이 제1원리를 확고부동한 진리로 삼은 다음 중간 수준의 명제를 끌어내고, 계속해서 하위의 명제들을 증명하는 방식으로 학문을 수집해 갔다는 거야.

모든 꽃은 열매를 맺고 봉숭아 역시 꽃이야.

그러니까 봉숭아도 열매를 맺지!

그러나 나중에 그들의 학설에 안 맞는 새로운 사례가 발견되면 어떻게 했을까?

무슨 소리야! 참나리는 꽃이 피지만 열매는 맺지 않는다고! 모든 꽃이 열매를 맺는 것은 아니야!

뭐라고?

억지로 끌어다 맞추거나 예외로 치부해 버리고 그들의 학설에 맞는 사례들에 대해서만 그 원인을 밝히는 일에 골몰했어.

그럴 리 없어! 분명 참나리 꽃은 꽃처럼 생겼을 뿐 꽃이 아닐 거야!

그러므로 이러한 경험이 제대로 된 것이라 할 수 없고 무엇보다 일반적 명제로 곧장 비약하는 방식이 모든 것을 망치고 있다고 보았지.

지금까지 내가 일해 왔던 식당들의 그릇은 모두 둥그렇지. 그러니까 모든 그릇은 둥근 거야!

베이컨에 대한 또 다른 반론이 있어.

어휴~ 다들 나를 못 믿는구나!

중간 단계를 거쳐 올바른 순서에 따라 일반적 명제에 도달하기 전까지는 함부로 단정을 내리거나 원칙을 세우지 말자는 베이컨의 입장이 일종의 불가지론이 아니냐고 말이야.

아무것도 알 수 없다는 불가지론을 부추기는 것 아니야?

하지만 베이컨은 오히려 가지론을 주장했어.

윽!

내가 주장하는 것은 가지론이야!

여기서 가지론이란 알 수 있다는 것을 뜻해.

가지론 : 알 수 있다.
불가지론 : 알 수 없다.

베이컨의 주장은 인간의 감각을 깔보자는 것이 아니라 도와주자는 것이고,

인간의 지성을 업신여기자는 것이 아니라 바른 길로 인도하자는 것이라는 거야.

또 베이컨의 방법론이 자연철학을 완성하는 데만 효과가 있는 것 아니냐는 의문이 있을 수도 있어.

맞아! 당신의 방법론은 자연철학에만 효과가 있는 것 아니야?

논리학이나 윤리학, 정치학 같은 다른 학문에도 적용될 수 있는가 하는 의문 말이야.

베이컨은 물론 전부 다 포함한다고 해.

삼단논법으로 증명해 가는 일반적인 논리학이 자연철학 이외의 학문에 적용되는 것처럼 귀납적 논리학도 모든 학문에 적용돼.

발견표의 대상에는 추위와 더위, 빛, 영양, 성장 같은 것만 있는 것이 아니야.

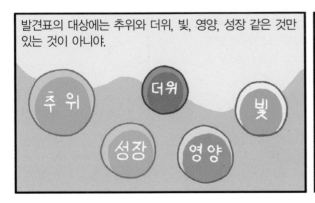

노여움, 두려움, 부끄러움 같은 것도 있고 기억, 결합과 분리, 판단 같은 정신 작용도 있거든.

모두 포함된다고~.

다만 해석 방법이 오직 정신의 활동만으로 생각하고 또 생각하는 것만으로 진행하는 일반적인 논리학과는 달리 정신이 사물의 본성 자체에 도달할 수 있도록 모든 면에서 정신을 지도하자는 것이지.

다음 순서는 이쪽입니다. 생각은 거기까지만 하세요.

이제 베이컨은 연구의 완성을 위해 많은 사람들이 용기를 내고 분발해서 탐구의 정열을 불태워 주길 기대하며 발견의 위대함을 말해.

발견의 위대함

위대한 발견을 하는 것은 인간의 행위 중에서 가장 탁월한 행동이라고 보았어.

발견

그렇다면 그러한 발견 자체를 쉽게 할 수 있는 방법을 발견한 자는 얼마나 존귀하냐는 거지.

발견하는 방법의 발견

발견

발견 자체를 쉽게 할 수 있는 방법은 베이컨의 '참된 귀납법'이고 그 방법을 발견한 사람은 바로 자신이라는 거야.

내가 발견하는 방법을 발견했다고!

참된 귀납법

엄청난 자부심의 표현이지?

하하하! 나는 존귀해.

또한 베이컨은 발견을 새로운 창조라고 했어.

발견

창조

발견이 새로운 창조라니, 무슨 뜻이에요?

베이컨은 유럽의 문명선진국 사람들과 뉴인디아의 미개하고 야만적인 사람들의 비교를 예로 들어

당시 사람들은 아메리카를 인도의 일부라고 생각했기 때문에 '뉴인디야' 라고 불렀단다.

두 사회 생활 수준의 엄청난 차이 때문에 '사람이 사람에게 신이다.' 라는 말이 실감 난다고 했을 정도거든.

탕

으악! 번개다~.

두 사회 간의 엄청난 차이는 토지나 기후 때문에 생긴 것이 아니라 오직 '기술' 때문에 생겼다는 거지.

히히히! 기술이 좋긴 좋구나~.

신이시여~

다음으로 발명된 것의 힘과 효능과 결과에 대해서도 다시 한 번 살펴보고자 해.

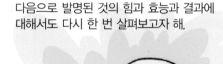

발명품

대표적인 3대 발명, 즉 인쇄술, 화약, 나침반은 천지개벽을 가져왔다는 거야.

실제로 이 발명품들 덕에 수많은 변화가 천지에 가득했거든.

떠들썩 떠들썩

그러니 그 어느 제국이나 종파도 인간의 생활에 이보다 더 큰 힘과 영향을 미치지 못할 거라는 거야.

우리가 미치는 영향은 어마어마 했으니까 말이야.

그럼 도대체 이 세 가지 발명품이 가져온 천지개벽이 무엇인지 알아볼까?

먼저 인쇄술이 발명되기 전, 책은 너무나 귀했지.

값비싼 양가죽에 직접 손으로 써서 만들었기 때문이야.

책 한 권을 만드는 데 45마리의 양이 필요했다고도 하잖아.

그러므로 당시 성서는 너무나 귀해서 일반인들은 구경하기도 힘들었어.

그러나 인쇄 기술이 발전하면서 성서를 인쇄해 내기 시작했지.

많은 사람들이 성서를 접하게 되면서 교황청에서 일방적으로 기독교를 해석하는 데 대한 불만도 생기게 되었어.

인쇄술의 발명은 당시 사회에 성서를 널리 보급시키면서 루터가 종교개혁을 할 수 있는 토대를 마련해 주었다고도 해.

학문과 지식의 발전을 가져온 것은 말할 필요도 없지.

또한 화약의 발명은 중세 봉건 기사들의 몰락을 재촉했어.

중세 봉건제도가 무너지는 이유는 여러 가지가 있겠지만 화약의 보급도 큰 몫을 했어.

화약의 보급과 봉건제도의 몰락이 무슨 연관이 있어요?

당시 서양에서는 봉건 영주들이 저마다 크고 작은 땅을 차지하고 잘 훈련된 기사들을 거느리고 있었어.

중세 기사들의 전투는 갑옷을 입고 검이나 창으로 무장을 하고 가까운 거리에서 벌이는 싸움이었거든.

히히… 이번 승리를 통해 내 권력은 더욱 강해지겠지~.

이겼다

와아~

그러나 화약이 보급되면서 기사들은 힘을 쓸 수가 없게 되어 버렸어.

혁

짜

안

아악!

콰

앙

전투의 양상은 완전히 달라져 버렸고,

결국 기사 계급의 몰락은 중세 봉건제도의 몰락을 재촉하게 된 거지.

망했다~ 이제 창과 칼을 쓰는 우리 기사들은 설 자리가 없어.

나침반은 지중해에 국한되어 있던 유럽 사람들의 활동 무대를 대서양 너머로 확대시키는 역할을 해.

사람들은 나침반을 먼 바다로 배를 타고 나갔다가 안전하게 돌아오는 데 이용하기 시작했거든.

이제 먼 바다까지 나가도 나침반을 보고 안전하게 돌아올 수 있겠어!

이러한 대항해 시대가 시작되면서 유럽의 경제는 크게 발전하게 되지.

그런데 대항해 시대랑 유럽의 경제 성장이 무슨 상관이 있어요?

무역이 발달하고 값싼 원료를 구하게 되면서 유럽의 상업과 수공업이 발달하게 되거든.

신논리학

그로 인해 수많은 상인 계급이 생겨나겠지?

아시아에서 가져온 좋은 비단 있습니다!

그러면 공장도 생기고 도시가 번창하게 되는 기초를 이루는 거야.

정말 베이컨이 천지개벽이라고 감탄할 만하지?

베이컨은 마지막으로, 학문과 기술이 인간을 사악과 방종으로 이끌어 타락하게 한다는 비판에 대해 다시 한 번 반론을 제기해.

학문과 기술의 발전은 죄악이 아니야~.

그런 논법으로 말하자면 이 세상의 모든 좋은 것들, 예를 들면 재능, 용기, 힘, 아름다움, 부, 빛 그 자체 등이 모두 마찬가지래.

재능 용기 힘 아름다움 부 빛

학문과 기술 역시 이런 것들 만큼이나 좋은 것이니까 말이야.

하느님께서 선물로 주신 자연에 대한 인류의 지배권을 회복하고

그 힘을 올바르게 행사하기 위해 올바른 이성과 진실된 신앙의 인도를 받으면 된다는 거지.

신앙 자연지식

이제 예비적인 설명도 끝났으니 본격적으로 귀납법을 적용해 볼 차례야. 준비 됐지?

네!

## 제11장 귀납법으로 '열의 본성'을 탐구해 보자!

베이컨은 제2권에서 귀납법을 적용해서 자연을 해석하는 방법 그 자체를 알려 주고자 해.

베이컨은 제대로 된 사례들을 관찰과 실험을 통해 모아 놓으면 별다른 기술이 없어도 정신 본래의 힘으로 자연에 대한 해석 방법에 도달할 거라고 낙관했어.

다만, 다음의 두 가지는 주의해야 하지.

먼저 고정관념을 버리는 일이야.

헉!

그리고 적당한 시기가 될 때까지 성급하게 결론을 내리려는 유혹을 물리치는 일이지.

저리 가!

성급한 결론

베이컨은 또한 학문의 과정에서 추상적인 것에 몰두하는 나쁜 습관에 물들지 않기를 바랐어.

으앗!

추상적

그러기 위해서는 실용적인 영역과 관계가 있는 기초에서 출발해 학문의 건설을 시작하고, 이 실용의 영역을 잣대로 이론적 부분을 규정해 나가는 것이 바람직하다고 생각했지.

실용적 학문건설

실용적이론

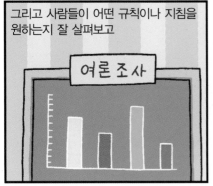

그리고 사람들이 어떤 규칙이나 지침을 원하는지 잘 살펴보고

여론조사

그것을 이해하기 쉬운 아주 평범한 말로 나타내는 것이 좋다고 보았지.

누구나 알아보고 적용할 수 있도록 말이야.

그럼 베이컨이 말하는 자연 탐구를 위한 작업의 규칙은 무엇이죠?

첫째는 자신이 직접 실험했을 때 성공할 수 있는 확실한 방법이어야 하고,

성 공

둘째는 일정한 수단이나 특정한 작업 방식으로만 그 일을 하도록 강제하지 말아야 하지.

이것은 지침에 나와 있지 않은 다른 방법이나 수단을 차단할 수 있기 때문이야.

특정방법

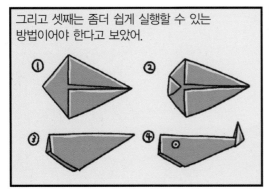

그리고 셋째는 좀더 쉽게 실행할 수 있는 방법이어야 한다고 보았어.

① ② ③ ④

그럼 이제 본격적으로 내가 제시하는 질서정연한 탐구를 도와줄 지침을 살펴보자고~.

탐구지침

베이컨은 자연을 해석하는 문제를 두 부문으로 나누었지.

한 부문은 '경험으로부터 공리를 추론하는 것'과 관계되는 일이고 또 한 부문은 '공리로부터 새로운 경험을 이끌어 내는 것'과 관계되는 일이지.

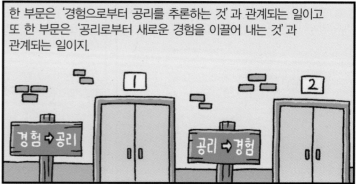

경험 ⇨ 공리

공리 ⇨ 경험

그리고 제1의 부문을 다시 세 부문으로 나누었어.

또 나눠요?

이것은 경험으로부터 공리를 이끌어 낼 때 정신의 불완전함을 보조하기 위한 거야.

첫째는 감각에 대한 보조

감각에 대한 보조

1-1

둘째는 기억에 대한 보조

기억에 대한 보조

1-2

셋째는 이성에 대한 보조인 셈이지.

이성에 대한 보조

1-3

첫째, 감각에 대한 보조로서 먼저 전면적이고 완전하고 정확한 자연적, 실험적 사례들을 수집해야 돼.

비는 하늘이 흘리는 눈물일 거야.

자연의 속성은 있는 그대로 발견되어야지 이렇게 상상하거나 추측해서는 안 되기 때문이야.

잘못된 추측

둘째, 기억에 대한 보조로서 지성이 사례를 취급할 수 있도록 정돈된 방식으로 사례표를 만들어 대조해야 해.

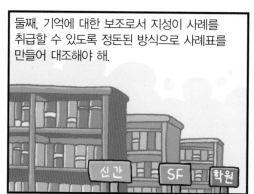

수집한 사례에는 온갖 잡다한 내용들이 뒤섞여 있어서 적당한 순서로 정리하지 않으면 지성을 혼란스럽게 한다고 보았기 때문이야.

으아~ 사례들이 정돈되어 있지 않아서 혼란스러워.

셋째로 이성에 대한 보조로서 바르고 참된 귀납법을 사용해야 하지.

사례표가 만들어졌다 하더라도 이성은 제멋대로 활동하도록 놓아 두면 진리를 발견할 수 없거든.

찾았다!

그러니까 이 귀납법이야말로 자연을 제대로 해석할 수 있는 열쇠가 되는 거지.

베이컨은 '열의 본성'을 탐구하는 과정을 예로 들어 설명하고자 했어.

그런데 당시에는 오늘날처럼 과학이 발전하지 않았다는 것을 기억해야 해.

베이컨의 설명과 개념에 부정확하고 엉성한 면이 많이 있거든.

척도가 될 만한 것들이 많이 있었으면 좋았을 텐데….

하지만 불확실하거나 완전히 틀린 것이 있어도 베이컨의 작업이 잘못된 기초와 원칙에 의한 것이라고 바로 단정하는 것은 삼가는 게 좋겠지.

아! 기억나요. 10장 예비적 설명에서도 나왔었죠?

그래, 맞아. 기억하는구나!

자, 이제 그럼 귀납법으로 열의 본성을 탐구하는 세세한 과정을 알아보자고.

첫째로 해야 할 작업은 열의 본성에 일치하는 사례를 수집하는 거야.

윽… 말이 조금 어려운데….

우리가 탐구하려는 대상이 열이니까 열의 본성과 일치하는 사례를 수집하는 거지.

쉽게 말해 열을 가지고 있는 사례들을 수집하는 거야.

아하~ 그렇구나!

윽! 그런데 태양도 열이 있고, 바위에도 열이 있고, 땅에도 열이 있고….

저한테도 열이 나는 것 같은데 이런 것까지 수집해야 하나요?

이러한 자료를 수집할 때는 쓸데없는 궁리를 하지 말고 또 너무 미세하게 하지도 말아야 하지.

일단 발견된 순서대로 그냥 수집해 보는 거야.

표1은 이렇듯 열의 본성에 일치하는 사례를 수집한 거야.

표1

그럼 내가 수집한 표1을 살펴보자고~!

베이컨이 수집한 사례는 다음과 같아.

1. 햇빛, 특히 여름철과 정오

2. 반사되어 집중된 햇빛, 산골짜기에, 벽에, 돋보기에

3. 불꽃을 품은 유성

4. 작열하는 번개

5. 분화구에서 치솟는 화염

6. 모든 화염

나는 이러한 사례들을 27가지 수집했단다.

잠깐만요, 이 표1도 제대로 된 이름이 있지 않나요? 베이컨 아저씨 성격에 이름을 안 지었을리 없어요.

윽..! 눈치도 빠르네..

베이컨은 이 표를 '존재와 현존의 표'라고 불렀단다.

그냥 편하게 '존재표'라고 불러.

존재표

두 번째 작업으로는 탐구대상의 본성을 '결여하고 있는 사례'를 수집해야 돼.

이번엔 열이 없는 사례를 수집하는 거야.

헉

그러나 이러한 사례를 모으려면 끝도 없겠지?

맞아요. 열이 없는 사례는 너무너무 많잖아요~.

그래서 부정적 사례는 긍정적 사례로 분류될 수 있음직한 것들 중에서 찾는 거야.

엥? 이건 또 무슨 말인지….

하하..

쉽게 말해 열을 가지고 있는 것과 유사하지만 열을 가지고 있지 않은 것을 찾아내는 거지.

아하

이 표는 '근접 사례 중 일탈 혹은 부재의 표'라고 불렸어.

그냥 '부재표'라고 불러줘.

그럼 이제 표2에서 몇 가지 정도 예를 살펴볼까?

1) 달과 별과 혜성의 빛은 촉감으로 열을 느낄 수 없다.

분명 별들이 빛을 발산하지만 열이 느껴지지는 않네요.

뿐만 아니라 보름달은 오히려 더 추운 것처럼 느껴지는 것이 보통이다.

2) 고성능 돋보기로 달빛을 모았을 때 그 힘이 어느 정도인지, 열을 일으킬 수 있는지 어떤지를 관찰해 보자.

역시 안 느껴져요!

3) 빛을 내지 않으면서도 따뜻한 물체, 예를 들면 쇠나 돌, 뜨거운 물 등과 같은 것에 돋보기를 사용해 보고 햇빛처럼 열이 모이는지를 관찰해 보자.

4) 모든 화염은 정도의 차이가 있을지언정 반드시 뜨거운 법이기 때문에 이에 대해서는 부정적 사례가 존재하지 않는다.

그렇군요. 아무리 작은 촛불도 열은 가지고 있네요?

맞아. 이처럼 나는 모두 32가지의 부재표 사례를 들었단다.

세 번째 작업으로는 탐구대상 본성이 서로 다른 정도로 존재하고 있는 사례를 모아야 해.

본성의 존재 정도가 서로 다른 것들이오?

이것은 어떤 본성을 갖고 있는 정도가 서로 차이가 나는 사례들을 모아 비교하는 것이야.

예를 들어 우리처럼 열을 공통적으로 가지고 있지만 열의 정도는 서로 틀린 사례들 말이야.

이 표를 '정도표' 혹은 '비교표' 라고 불렀어. 표3은 열의 정도 및 비교 사례인 거지.

우리는 '정도표' 라고 부르도록 하자.

촉감으로는 열을 전혀 느낄 수 없고, 얼마간의 잠재열을 지니고 있거나 혹은 열을 발생시킬 준비가 되어 있는 것으로 생각되는 물체들을 알아보는 거지.

그러고는 촉감으로 실제 열을 느낄 수 있는 물체들을 강도에 따라 살펴보는 식이야.

오~ 열이 더 올라간다.

몇 가지 예를 살펴보자.

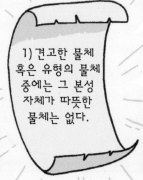

1) 견고한 물체 혹은 유형의 물체 중에는 그 본성 자체가 따뜻한 물체는 없다.

즉 돌, 금속, 유황, 화석, 나뭇조각, 물, 동물의 시체 등 어느 것도 본래부터 열기를 지닌 것은 발견된 바 없다는 거야.

이 물체들을 자극해서 열을 발생시킬 수는 있지만 본 성질에서는 열을 찾아볼 수 없잖아.

2) 유황, 휘발유 등 잠재열을 지니고 있거나 혹은 화염을 발생시킬 준비가 되어 있는 무생물은 많이 발견된다.

앞의 사례와는 달리 견고한 물체는 아니지만 열을 낼 수 있지?

3) 토양을 기름지게 하는 것, 예를 들면 모든 종류의 똥, 바다모래, 소금 등과 같은 것은 열의 소인을 얼마간 지니고 있다.

아직 열이 있는 걸로 봐서 범인은 멀리 못 갔을 거야!

4) 동물은 움직이거나 운동을 했을 때,

술이나 밥을 먹었을 때,

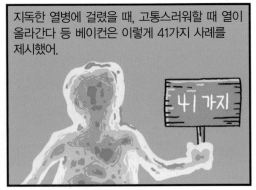

지독한 열병에 걸렸을 때, 고통스러워할 때 열이 올라간다 등 베이컨은 이렇게 41가지 사례를 제시했어.

베이컨이 위와 같이 표를 정리하면서 느낀 건 우리가 자연에 관한 사실들에 대해 얼마나 아는 것이 없는가 하는 점이야.

맙소사… 우리 인간이 자연에 대해 이렇게 몰랐다니….

즉 증명되었거나 확실한 사례들도 있지만 아직 확실하게 확인되지 않은 전해오는 이야기를 넣을 수밖에 없었고,

나도 포함시켜 줘.

검증안된 사례

존재표

윽!

또한 때때로 이런저런 실험을 해보아야 한다거나 좀더 깊이 연구해 볼 필요가 있다는 등의 단서를 달아야 하는 형편이라는 거지.

그만큼 그동안 인간의 연구 활동이 부족했다는 말이기도 해.

그러면 이 세 가지 표의 임무와 용도는 무엇일까?

부재표
정도표
존재표

바로 지성 앞에 사례들을 제시하는 것이야.

짜 안

사례

오! 사례들이군.

이 일이 완수되고 나면 다음에는 이 사례들을 놓고 귀납으로 들어가야 해.

귀납

이 개별 사례들에 대해 탐구대상 본성이 항상 존재하는 것과 부재하는 것과 그 본성의 증감 정도와 좀더 공통적인 한계 등을 발견해야 된다는 거지.

항상 존재하는 본성

항상 부재하는 본성

본성의 증감 정도

본성의 공통적 한계

수집된 개별 사례

그러나 작업을 하다보면 상상이나 억측, 잘못된 개념들이 자꾸 끼어들기 마련이고

이쪽이야.

이쪽이라고~

상상 잘못된 개념

억측

공리에 도달했다고 하더라도 지속적인 교정이 필요해.

뚝딱 뚝딱

왜냐하면 긍정적 사례를 한 번 보고 진정한 원리를 알아내는 일은 하느님이나 예지자들이 할 수 있는 일이니까 말이야.

인간의 지성은 신처럼 완벽하지 않잖아.

베이컨은 인간들이 부정적 사례에서부터 출발하여 하나씩 하나씩 배제해 나간 다음에야 긍정적 사례에 도달할 수 있다고 보았어.

부정적 사례를 모두 걸러내니까 긍정적 사례만 남네!

부정적 사례

긍정적 사례

그러므로 부정적 사례를 배제하고 긍정적 사례를 찾으려면 자연을 완전히 분해하고 해체하는 과정이 필요해.

이때, 가장 먼저 해야 할 일은 무엇일까?

첫째로 탐구대상 본성이 존재하는 긍정적 사례들을 놓고 보았을 때 그 사례들 중에서는 전혀 발견할 수 없는 어떤 본성이 있는지를 살펴보아야 해.

이 안에 아직까지 전혀 발견하지 못한 본성이 있을지도 모르니 다 살펴보자!

본성이 부재하는 사례

둘째는 탐구대상 본성이 부재하는 사례들을 놓고 그 사례들 중에서 발견되는 어떤 본성이 있는지를 살펴보아야겠지.

셋째로 탐구대상 본성이 증가하는데도 감소하고 있거나 혹은 그 반대 현상을 보이고 있는 어떤 본성이 있는지 살펴보고 이러한 본성들을 찾아내 제외 또는 배제하는 거야.

제외 또는 배제

이것들을 발견하기 위해서는 존재표, 부재표, 정도표를 검토해야겠지.

정말 큰 도움이 되는 표들이군요!

존재 부재 정도

그런 다음 열의 본성에 속하지 않는 것으로 밝혀진 성질들을 제외해 나가는 거야.

너희들은 열의 본성에 속하지 않아.

아악!

뻥

신논리학

이러한 제외와 배제가 적절히 이루어지고 나면 이제 경박한 사례들은 안개 속으로 사라지고

으앗!

견고하고 진실되고 제대로 규정된 긍정적 본성만이 남는 것이지.

긍정적 본성

짜안

이 과정은 말로는 쉽지만 여기까지 도달하기 위해서는 수많은 우여곡절을 겪어야 해.

역시 노력 없이 되는 일은 없군요.

이제 앞에서 만든 발견표를 토대로 열의 형상에 속하지 않는 것으로 판단되어 배제 또는 제외된 본성의 예를 들어.

이 녀석들도 따로 표를 만들어 주는 거지.

제외된 본성

표4는 열의 본성에서 배제 혹은 제외해야 하는 본성들의 사례들이야.

배제 혹은 제외 사례 표 4

그럼 표4의 열의 본성이 아닌 걸로 판정 받은 사례들을 살펴볼까?

1) 열의 본성에서 천체의 본성을 제외하라.

윽…! 난 탈락인가…!

지하의 불은 천체의 광선으로부터도 너무 멀고 격리되어 있는 것이기 때문이다.

열

2) 뜨거운 물체가 자신의 실체를 나누어 준다거나 혹은 다른 물체와 혼합되어서 열을 발생시킨다는 생각을 제외하라.

나는 나를 나누어 주는 것도 아니고

다른 물체와 혼합되지도 않아.

열

왜냐하면 다른 물체를 뜨겁게 만들면서도 자신의 중량이나 실체가 전혀 감소하지 않는 쇠나 혹은 연소하는 금속 같은 것이 있기 때문이다.

3) 끓는 물이나 공기가 있기 때문에 열의 본성에서 밝게 빛나는 성질을 제외하라.

열을 가지고 있는 것만 밝게 빛나는 것은 아니야.

베이컨은 열의 본성에서 제외해야 할 사례 14가지를 들었어.

그러나 이들 외에도 제외해야 할 본성이 많이 있다고 했어.

네? 아직도 많이 남았다고요?

표에서 제시한 것은 하나의 본보기일 뿐이야.

난 빙산의 일각이라고~.

하지만 걱정할 것 없어.

베이컨은 열 배제표 안에 참된 귀납의 기초가 들어 있다고 했거든.

이제 앞에서 작성된 세 종류의 표, 즉 존재표, 부재표, 정도표를 검토한 다음 이들 표에 제시된 사례를 가지고 자연을 해석하는 일을 해야 돼.

어떤 사물의 본성은 그 사물 자체가 들어 있는 모든 사례에 들어 있어야 하고 그렇지 않으면 본성이 아니야.

나의 본성은 내가 어딜 가도 있어.

그러면 베이컨이 탐구한 열의 본성에 대한 '최초의 수확'은 무엇일까?

우선 열이 지닌 특수한 본성은 '운동'이라고 결론지을 수 있어.

헛 둘!

헛 둘!

열의 특수한 본성 = 운동

400 M

이러한 운동의 본성은 계속적으로 움직이는 화염이나 끓는 액체를 보면 잘 알 수 있어.

우리는 쉴 새 없이 움직이니까 말이야.

또한 운동에 의해 열이 상승하거나 증가하는 현상에서도 확인할 수 있지.

14 KM

으아~ 뛰니까 열 나네~.

그런데 질문이 있어요!

헥

여기서 열과 운동의 관계는 열이 운동을 낳는 거예요?

아니면 운동이 열을 낳는 거예요?

열

운동

운동

열

하하하! 여기서 열과 운동의 관계는 그런 문제가 아니란다.

'열 자체 혹은 열의 본질이 운동이라는 것일 뿐' 그 이상도 그 이하도 아니야.

그냥 단순하게 생각하라고~.

열 = 운동

그럼 특수한 운동으로서 열의 본성에 대한 베이컨의 정리를 알아보도록 할까?

총정리

첫째, 열은 팽창운동으로, 이 팽창운동에 의해 물체는 그 자신을 확장하고 이전에 차지하고 있던 것보다
더 넓은 영역 혹은 부피를 갖게 된다는 거야.

쉬운 예로 찌그러진
탁구공을 뜨거운 물에
넣으면 쉽게 펴진다는 것을
알 수 있지.

또한 끓고 있는 액체를 보면 확실히
팽창하고 끓어 오르고 있다는 것을
알 수 있어.

알았다! 쇠의 경우는
여름철에 늘어나는 철도를
예로 들 수 있죠?

맞아. 쇠나 돌은 용해되지는 않지만
대신 부드러워지는 것을 볼 수 있지.

둘째는 열이 팽창운동이면서 동시에 위 방향으로
향하는 운동이라는 거야.

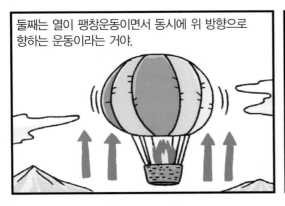

셋째는 열이 팽창운동이기는 하지만 물체 전체의 균일한
팽창운동은 아니라는 거야.

물체와 작은 분자 사이의 팽창운동으로 저지, 반발, 격퇴가 동시에
일어나는 운동이라는 점이지.

그리고 이 자극 운동은 완만한 것이
아니라 매우 신속한 운동이라는 거야.

열을 받은 달걀이
순식간에 깨져 버리곤
하잖아.

그럼 이제 이러한 최초의 수확에 의해 열의 본성에 대한 진정한 정의를 갖추려 볼까?

요약

'열이라는 것은 억제된 상태에서 저항하는 작은 분자 사이의 팽창운동이다.

이 팽창운동은 모든 방향으로 일어나지만 특히 위 방향으로 일어난다.

또한 작은 분자 사이의 저항은 결코 완만한 것이 아니라 급속하고 격렬하다.'

치지지직

우왓!

그러므로 '어떤 자연적 물체에다 자기 확장 혹은 팽창운동이 일어나게 하고,

취사 보온

또한 그 확장이 균등한 것이 아니라 일부는 일어나고 일부는 저지되도록 운동을 억제할 수 있다면

이것은 의심의 여지없이 열을 발생시킬 수 있다는 것을 의미한다.'

열

결론

베이컨은 이렇게 관찰과 실험을 통해 얻은 수많은 사례들을 체계적으로 정리하는 법, 즉 귀납적 방법을 통해 공리를 이끌어 내는 방법을 '열의 본성'을 탐구하는 과정을 통해 보여주고자 했어.

와~ 정말 대단하세요~ 과학도 발달하지 않은 시대에 이만큼 탐구해 내시다니!

내 능력이 아니야. 이 모든 게 귀납적 방법을 이용한 덕분이지.

그보다 이 어려운 11장을 잘 따라와 준 너희들이 정말 대견스럽구나~.

제12장 특권적 사례에 대하여

베이컨이 제2권에서 다루고자 했던 내용은 원래 다음의 9가지였어.

헉!

1) 특권적 사례에 대해  2) 귀납의 지주에 대해
3) 귀납의 정정(訂正)에 대해  4) 주제의 본성에 따른 탐구의 변화에 대해  5) 탐구에 관한 특권적 본성에 대해, 즉 먼저 탐구할 것과 나중에 탐구할 것에 대해
6) 탐구의 한계에 대해, 즉 우주의 존재하는 모든 본성의 일람에 대해
7) 실천적 응용에 관해, 즉 인간과 관련된 것에 대해
8) 탐구를 위한 준비를 위해  9) 마지막으로 공리의 상승적 단계와 하강적 단계에 대해 쓰려고 계획했지.

제목만 들어도 너무 어렵지?

네

베이컨은 이러한 내용들이 자연을 해석하는 데 도움이 될 수 있다고 보았지.

자연

그러나 2권은 이 9가지 중 1) 특권적 사례에 대한 기술로 끝나고 말아.

아~ 2권은 미완성이라더니 이 특권적 사례가 그 마지막 부분이군요!

맞아.

그럼 특권적 사례란 대체 무엇일까?

특권적 사례란 다른 사례에 비해 이론적으로나 실용적으로 특별히 가치가 더 큰 사례를 말해.

난 실용적이라고~!

베이컨은 특권적 사례에 대해 무려 27가지를 예로 들었어.

헉…! 그렇게나 많아요?

제2권 22장부터 52장에 걸쳐 특권적 사례에 대해 설명하고 있으니 만만치 않은 분량이지?

하지만 우리는 27가지 특권적 사례의 명칭은 모두 살펴보되, 그 구체적인 내용은 몇 가지 사례만 살펴볼 참이야.

우왓! 정말요?

그런데 왜 기본적인 명칭과 몇 가지 사례만 살펴보는 거죠?

그건 특권적 사례 하나하나가 절대적 가치를 갖기보다는 일종의 본보기라 할 수 있기 때문이란다.

본보기

자, 그럼 시작해 볼까?

네!

마지막 장이니 정신 바짝 차리고 따라와야 해!

27가지 특권적 사례

첫 번째 특권적 사례는
'고립사례'야.

'야생사례' 라고
부르기도 해.

1. 고립사례

고립사례란 탐구대상 본성을 다른
물체처럼 가지고 있지만 이것 말고는
다른 본성은 공유하지 않은 물체에서
볼 수 있는 사례야.

또는 탐구대상 본성을 갖고 있지
않은데 나머지 점에서는 모든 것이
유사한 물체에서 볼 수 있는 사례지.

새 같기는
한데….

….

예를 들면 '색' 의 본성을 탐구하는 경우, 자기 자신이 색을 가지고 있을 뿐만 아니라 외부의 벽에도
그 색이 나타나게 하는 '프리즘이나 수정, 이슬' 이 고립사례에 속해.

이러한 사례들은 꽃이나 유색 보석, 광석, 나뭇조각 등에 고착된
색과 비교해 보면 알 수 있어.

엇! 우린 둘 다
같은 색이네?

색 그 자체 외에는 아무것도 공통점이 없거든.

으앗!

두 번째 특권적 사례는 '이동사례'야.

2. 이동사례

이것은 탐구대상 본성이 처음에는 존재하지 않다가 일정한 조건에서
갑자기 새로 생긴 경우나 혹은 반대로 처음에는 존재하던 것이 일정한
조건에서 갑자기 없어져 버린 경우를 말해.

이동사례

예를 들어 탐구대상 본성이 '흰색'이라고 해보자.

생성의 이동사례는 '파손되지 않은 유리와 분쇄된 유리,

혹은 자연 그대로의 물과 휘저어서 거품이 생긴 물'이야.

파손되지 않은 유리와 자연 그대로의 물은 희지 않고 투명하지만 분쇄된 유리와 거품이 생긴 물은 투명하지 않고 흰색을 띠기 때문이야.

와~ 정말로 없던 흰색이 나타나요!

그러므로 이동 과정에서 무슨 일이 일어났는지 살펴보아야 한다는 거지.

모든 일에는 원인이 있기 마련이야.

이 경우 유리나 물의 부분들이 세분화된 것과 공기가 유입된 것 외에는 아무것도 추가된 것이 없어.

범행 시간에 유리와 물에 접근한 건 너뿐이야!

공기

윽….

이로부터 공기와 물 혹은 공기와 유리처럼 투명도가 서로 다른 두 물체가 작게 분할된 상태에서 서로 섞이면

분할된 투명물체 ➕ 공기

광선의 굴절을 불균등하게 해서 흰색을 띠게 할 수 있다는 것을 알 수 있는 거지.

세 번째 특권적 사례는 '명시사례'야.

이번 사례는 이름이 조금 많은데 '찬란한 사례' 혹은 '자유로운 지배적 사례'라고 부르기도 하고

'해방된 사례'나 '자유로운 사례'로 부르기도 해.

3. 명시사례

다 외울 필요는 없지만 말이야

이것은 탐구대상 본성의 모습을 적나라하게 그리고 최고, 최대의 형태로 보여주는 사례야.

본성

다만 이 경우 사례가 아무리 탐구대상 본성을 명백하게 보여준다고 해도 처음부터 턱 믿지 말고 엄밀한 배제의 과정을 주의 깊게 거쳐야 해.

오아시스다!

신기루

예를 들어 탐구대상 본성이 '무게' 라고 했을 때 명시사례는 '수은' 이야.

수은

수은은 황금을 제외한 다른 어떤 물체보다 무거워.

나는 수은보다 무거워!

하지만 무게의 본성을 보여 주기로는 수은이 황금보다 더 나은 사례라고 해.

어째서 그렇죠? 제가 이 녀석보다 값도 비싸다고요!

왜냐하면 황금은 고체이며 견고한 물체이기 때문에 그 무게가 조직의 긴밀성과 관계가 있다는 생각이 들지만

단단한 게 무거워 보이는데….

딱딱

수은은 액체인데도 다이아몬드나 견고한 그 어떤 물체보다도 무겁기 때문이지.

액체라고 무시하지 말라고~.

이로써 무게의 본성은 조직의 긴밀성 여부와는 관계가 없다는 것을 알 수 있다고 보았어.

추방!

무게의 본성

조직의 긴밀성

네 번째 특권적 사례는 '은밀사례' 야.

'여명사례' 라고도 해.

4. 은밀사례

다섯 번째 특권적 사례는 '구성사례' 인데 '집합사례' 라고도 불러.

5. 구성사례

여섯 번째 특권적 사례는
'유사사례' 혹은 '균형사례' 야.

이것은 '병행사례', '자연적
유사' 라고 부르기도 해.

둘이 서로
닮은 사례를
말하는 거지.

이 사례는 물체들 사이에 존재하는 관계를
관찰하도록 지시할 뿐이야.

나처럼 유사한
사례들을 찾아내!

그래서 본성의 발견에 별 도움이
안 되는 것처럼 보일 수도 있어.

하지만 우주의 각 부분에
대해 일종의 해부를 하고
있다는 점에서 매우
유용하다고 보았어.

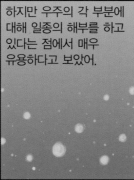

'물고기의 지느러미와 네발짐승의 발' 같은
경우가 유사사례야.

모양은 틀리지만
하는 역할이
유사하잖아~.

'육지 동물의 이빨과 새의 부리'도 유사사례에 속해. 이것으로 미루어 모든 완전한 동물들은
어떤 딱딱한 물질이 입 쪽으로 모인다는 사실을 확실히 알 수 있다고 보았지.

이봐, 이러지 마~
우리 알고 보면 유사한 게
많은 사이야!

일곱 번째 특권적 사례로
'단독사례'를 들 수 있어.

이것은 '불규칙 사례'
혹은 '파격적 사례'라고
부르기도 해.

이것은 외톨이 본성, 즉 그 본성이 하도
기발하여 동일한 종류에 속하는 다른 사물과
전혀 공통점이 없는 물체를 구체적으로
보여주는 사례야.

포유류 중에서
우리 인간만이 가진
이성을 예로
들 수 있겠지.

유사사례는 둘이 서로 닮은
반면 단독사례는 자기
자신을 닮았을 뿐이라는
거야.

난 나야!

단독사례의 예로는 천체들 중에서 '해와 달',

광물 중에는 '자석'을 들 수 있고, 금속 중에서는 '수은',

네발짐승 중에선 '코끼리'를, 후각 중에서는 '사냥개의 후각' 등을 들 수 있어.

동일한 종류 중에선 우리 역시 아주 특별하다고~

이러한 종류의 사례는 탐구를 예민하게 하고 활발하게 하지.

파격적인 사례가 또 있을지도 모르니 주의하자….

또한 지성이 습관이나 통념에 사로잡혀 타락하는 일이 없도록 항상 일깨워주기 때문에 가치가 엄청나다고 보았어.

아 차!

지성 단독사례 습관 통념

옥..!

여덟 번째 특권적 사례는 '일탈사례'야.

자연의 실수나 진기하고 괴이한 것들이 여기에 속해.

8. 일탈사례

자연의 실수는 개체의 기적이라는 점에서 종의 기적을 의미하는 단독사례와는 달라.

일탈사례 단독사례

개체의 기적 종의 기적

그러나 둘 다 지성이 습관에서 벗어날 수 있도록 해주는 점은 같지.

일탈 사례 지성 단독사례

이러한 종류는 일탈의 원인이 발견될 때까지 탐구를 단념해서는 안 된다고 보았어.

원인을 밝혀내고 말겠어!

일탈사례는 워낙 많아서 일일이 예를 들 필요는 없어.

신비한 자연의 세계

다만 자연의 신기한 것, 희한한 것, 이상한 것 등을 모두 수집해야 해.

그러나 허황한 이야기가 되지 않도록 사례 선택에 각별한 주의를 기울여야겠지?

아홉 번째 특권적 사례는 경계사례야.

이것은 두 개의 종이 합성된 것 혹은 두 종의 사이에 있다고 생각되는 종류의 사물을 보여주는 사례야.

9. 경계사례

이 사례는 드물고 특이하기 때문에 단독사례 혹은 파격적 사례에 넣어도 되지만

파격적 사례

워낙 가치가 큰 사례이기 때문에 따로 취급하는 것이 좋다고 보았어.

역시 난 특별해~.

경계 사례

이 사례의 예는 '부패물과 식물의 중간에 있는 이끼', '별과 유성의 중간에 있는 일부 혜성들', '새와 물고기의 중간에 있는 나는 물고기', '새와 네발짐승의 중간에 있는 박쥐' 등이야.

열 번째 특권적 사례는 '힘의 사례' 혹은 '표장사례'야.

표장사례요?

10. 표장사례

표장사례라는 말은 로마 제국에서 집정관 같은 고위관리들이 권위를 나타내기 위해 사용한 표장의 이미지에서 따왔어.

'인간의 지혜' 또는 '인간의 솜씨' 라고 부르기도 하지.

아하

이것은 인간의 모든 기술이 총동원된 최고의 걸작을 말해.

걸작

우리의 목표가 자연이 인간의 지위와 필요에 봉사하도록 하는 것이므로 이미 인간의 힘으로 만들 수 있게 된 작품, 그 가운데서 가장 세련되고 완전한 작품을 기록하고 열거해 두는 것은 의미 있는 일이라는 거지.

전시장

이들 작품을 잘 살펴본다면 지금까지 발견된 적이 없는 새로운 작품에 이르는 길도 한결 평탄해지고 가까워질 거라고 보았어.

오~

신작

예를 들어 '종이'의 경우가 표장사례에 속해.

종이는 유리처럼 딱딱하지도 않고 천처럼 날줄과 씨줄로 되어 있는 것도 아니고 한 올 한 올의 실이 모여 된 것도 아니야.

자연산 재료와 똑같은 섬유조직으로 되어 있지.

헉!

종이는 동물의 피부나 막, 식물의 잎 같은 자연의 산물과 거의 구별이 불가능할 정도야.

대체 어떤 게 자연이고, 어떤 게 종이지?

사람이 만들어 낸 인공의 재료 가운데 종이와 비슷한 성질을 가진 것은 찾아보기 어렵기 때문에 종이는 좋은 사례가 될 수 있다고 보았어.

나야말로 인간 기술이 만들어 낸 최고의 걸작이라 할 수 있지!

열한 번째 특권적 사례는 '동반사례'와 '적대사례'야.

11. 동반·적대사례

이것은 탐구대상 본성이 있는 곳에는 어디든지 그림자처럼 따라 다니거나 그와 반대로 탐구대상 본성을 적대자로 여겨 항상 회피하고 배척하는 물체를 말해.

예를 들어 탐구대상 본성이 열이라고 하면 동반사례는 화염이야.

화염이 항상 뜨거운 이유는 반드시 열을 동반하기 때문이지.

만약 탐구대상 본성이 고체성이라고 하면 공기는 하나의 적대사례야.

금속은 액체 상태일 수도 있고 고체일수도 있지만 공기는 고체 상태가 되는 일이 없기 때문이지.

열두 번째 특권적 사례는 '추가사례'야.

'극한사례' 또는 '한계사례'라고 부르기도 해.

12. 극한사례

이 사례는 본성의 진정한 구분과 사물의 척도, 본성 작용의 한도, 하나의 본성이 다른 물체로 이동하는 것 등을 정확히 보여줘.

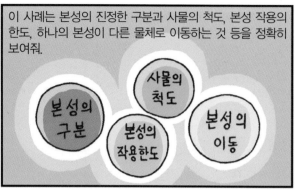

본성의 구분

사물의 척도

본성의 작용한도

본성의 이동

예를 들면 무게에서 황금, 동물의 크기에서 고래, 후각에서 개, 급속한 팽창에서 화약의 발화 같은 거야.

최고 최대의 극한뿐만 아니라 최저 최소의 극한도 여기에 속해.

으악, 가려워~.

대체 뭐가 기어 다니는 거야!

동물의 크기에서 피부의 기생충이 그 예에 속하지.

난 세상에서 가장 작은 동물이거든.

열세 번째 특권적 사례는 '동맹사례' 혹은 '합일사례'야.

13. 동맹사례

동맹사례는 어느 하나에만 고유하게 존재한다고 생각해 온 작용이나 효과가 다른 이질적 본성에도 있다는 것을 분명하게 보여주는 사례야.

아니!

예를 들어 열에는 세 종류, 즉 천체의 열과 동물의 열과 불의 열이 있다는 것이 널리 받아들여지고 있어.

이 중 천체의 열과 동물의 열은 사물을 생산하고 육성하지.

하지만 불의 열은 반대로 소멸시키고 파괴하니까 이들은 이질적이라고 보았어.

으앗!

그러나 다음과 같은 실험은 손쉬운 동맹사례가 될 수 있다고 했어.

한번 살펴볼까?

즉 포도나무 한 가지를, 계속 불을 때는 집 안으로 끌어들여 놓으면 다른 것보다 한 달쯤 빨리 익는다고 해.

나무에 달려 있는 과일이 익는 것은 오직 태양만이 할 수 있는 일로 여겨왔지만 이 실험은 불의 열을 가지고도 과일을 생육할 수 있다는 것을 보여준다는 거지.

나도 할 수 있다고~!

윽!

열네 번째의 특권적 사례로 '이정표사례'를 들 수 있어.

이정표는 갈림길에서 어디로 가야 할지를 알려주는 안내표지야.

14 번째.

열다섯 번째 특권적 사례로는 '이별사례'를 들 수 있어.

15. 이별 사례

베이컨은 여기까지의 15가지 사례는 지성을 도와주는 사례들로 분류했어.

고마운 사례들이지.

1 ~15
지성을 돕는 사례

이제 베이컨은 감각의 결함을 보충하는 사례를 다섯 가지 들어.

16~20
감각기관의 보충사례

열여섯 번째 특권적 사례로 '입구사례' 혹은 '관문사례'를 들 수 있어.

정보를 얻는 문제에 관한 한 가장 중요한 것은 '시각'이야.

그러니까 이 시각을 도와줄 방법을 찾아야겠지?

세 가지 방법을 생각해 볼 수 있어.

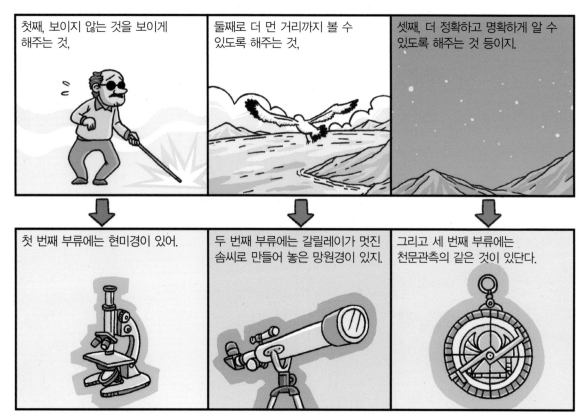

첫째, 보이지 않는 것을 보이게 해주는 것,

둘째로 더 먼 거리까지 볼 수 있도록 해주는 것,

셋째, 더 정확하고 명확하게 알 수 있도록 해주는 것 등이지.

첫 번째 부류에는 현미경이 있어.

두 번째 부류에는 갈릴레이가 멋진 솜씨로 만들어 놓은 망원경이 있지.

그리고 세 번째 부류에는 천문관측의 같은 것이 있단다.

열일곱 번째 특권적 사례로는 '소환사례'를 들 수 있어.

17. 소환사례

소환이라는 법정 용어를 사용한 것은 이 사례가 이전에 나타나지 않았던 것을 나타나도록 불러오기 때문이야.

탕 탕

또는 '환기사례'로 부르기도 해.

감각될 수 없는 것을 감각될 수 있도록 환기해 주기 때문이야.

그렇다면 사물을 감각기관으로 파악할 수 없는 경우에는 무엇이 있을까?

첫째, 대상이 너무 먼 거리에 있을 때겠지.

둘째는 중간 물체에 의해 감각이 차단되었을 때야.

으….

셋째는 대상이 감각기관에 인상을 줄 만큼 힘이 크지 못할 때이고

달려, 인마!

넷째는 감각기관을 자극할 만큼 충분한 양을 갖고 있지 못할 때야.

다섯째는 감각기관에 작용할 만큼 충분한 시간이 없을 때,

타임아웃

여섯째는 대상의 자극을 감각기관이 견뎌내지 못할 정도로 격렬할 때,

꺄하하하~ 이제 그만요~.

간질
간질

일곱째는 대상이 이미 감각기관을 사로잡아 감각기관에 새로운 운동의 여지가 없을 때 등으로 나누어 볼 수 있지.

지구는 지금 이 순간에도 돌고 있지만 우리는 평범하게 일상을 보내고 있잖아.

첫 번째 경우처럼 너무 먼 거리에 있어서 감각되지 않는 경우에는 먼 거리에서도 보일 수 있도록 눈과 귀를 환기시키고 자극할 수 있는 어떤 것을 부가하거나 대체하면 돼.

'봉화나 벨' 등에 의해 정보를 전달하는 경우가 여기에 속해.

두 번째 경우처럼 중간 물체 때문에 감각되지 않는 경우에는 표면에 있는 혹은 밖으로 나타나는 것을 감각해 이를 알 수 있어.

약물복용이 의심되는 선수인데 조사를 해봐야겠어!

인간의 신체 상태를 '맥박이나 오줌' 등으로 판단하는 경우가 여기에 속하지.

소변 조사 결과 약물 복용이다! 실격!

윽!

열여덟 번째 특권적 사례는 '노정사례'야.

'순회사례', '관절사례' 라고 부르기도 해.

18. 노정사례

이것은 서서히 계속되는 자연의 운동을 나타내 보여주는 사례야.

10년이면 강산이 변하지~.

이러한 종류의 사례는 감각기관에 의해 파악되지 않는 것이라기보다는 오히려 잘 관찰되지 않는 것이라고 할 수 있지.

헉!

예를 들어 식물의 생장에 관해 탐구하는 사람은 씨앗을 뿌리고 나서 언제 어떻게 발아하는지부터 살펴보아야 해.

이것은 파종한 지 이틀째, 사흘째 혹은 나흘째 된 씨앗을 파 보면 쉽게 알 수 있어.

아하!

그리고 어떻게 그 씨앗이 껍질을 벗고 수염과 같은 싹이 트는지, 어떻게 수염과 같은 뿌리가 나서 땅속을 파고드는지, 어떻게 줄기가 나서 자라는지, 어떻게 옆으로 뻗어 나가는지 하는 것도 전부 살펴보아야 한다는 거야.

음….

열아홉 번째 특권적 사례로 '보충사례' 또는 '대용사례'를 들 수 있어.

19. 대용 사례

스무 번째 특권적 사례는 '해부사례'를 들 수 있어.

'각성사례'라고 부르기도 해.

20. 해부사례

파 밧

각성사례라고 한 이유는 인간의 지성을 끊임없이 각성시키기 때문이고, 해부사례라고 한 것은 자연을 해부해서 보여주기 때문이야.

자연의 해부

때로는 '데모크리토스사례'라고 부르기도 해.

이 사례는 절묘하고 심오한 자연의 신비를 일깨워주고 인간의 지성이 주의 깊게 관찰하도록 환기시키는 사례를 말해.

덕분에 시야가 넓어졌어~!

각성 사례

예를 들면 잉크 한 방울이 저토록 많은 문자를 만들어 내는 것, 사람 피부 같은 데 붙어사는 작은 기생충에도 정기가 있고 신체 조직도 다양해 있을 것은 다 있다는 것 등….

*ㅏㄷㄷㄹㅇㅋ3
ABCD 1 2 ?

지금까지 감각기관을 보조하는 사례를 살펴보았어.

이들은 자연에 대한 정보를 얻기 위해 꼭 필요한 사례들이야.

입구사례    소환사례
해부사례
노정사례    보충사례

모든 정보는 우선 감각기관으로부터 시작되기 때문이지.

저 문을 지나야 나도 정보가 될 수 있거든!

자연    감각기관

이제 베이컨은 마지막으로 실천하는 데 유익한 사례들을 살펴보았어.

나는 정보에서 출발해 실천으로 완결하는 게 작업의 목적이라고 보았거든.

스물한 번째 특권적 사례는 '먹줄사례' 또는 '척도사례'야.

21. 척도 사례

사물의 힘과 운동은 아무데서나 우연적으로 일어나는 것이 아니라 한정된 특정 공간에서 일어나고 작용해.

내 눈은 어두울 때 반짝인다고!

예를 들어 연고나 반창고도 신체에 직접 바르거나 붙이지 않으면 효과가 없듯이, 작용을 받는 물체의 크기, 양, 힘의 강약, 작용을 촉진하거나 저해하는 중간물 등을 모두 계산해서 기록해야 한다고 보았지.

스물두 번째 특권적 사례는 '진행사례'야.

이 사례는 시간의 길이로 자연을 측정하는 거야.

22

운동이나 자연적 작용은 하나같이 시간 속에서 혹은 신속하게 혹은 완만하게, 자연적으로 정해진 일정한 시간 속에서 일어난다는 거지.

봄에 피는 꽃

매일 아침의 일출

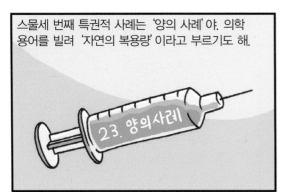

스물세 번째 특권적 사례는 '양의 사례'야. 의학 용어를 빌려 '자연의 복용량'이라고 부르기도 해.

23. 양의사례

이것은 물체의 힘을 그 물체의 양으로 측정해 물체의 양에 따라 그 힘의 작용 방법이 어떻게 다른가 하는 것을 보여주는 사례를 말해.

조금만 더

힘의양

예를 들어 대량의 물은 잘 썩지 않지만

소량의 물은 쉽게 썩는 것과 같은 경우야.

으… 냄새!

자연을 탐구할 때는 어떤 효과를 내는 데 필요한 물체의 양을 약의 복용량처럼 잘 기록해 두고 너무 많거나 적지 않도록 주의해야 한다고 했어.

너무 많은 양의 플랑크톤은 바다에 적조 현상을 일으키거든~.

스물네 번째 특권적 사례는 '투쟁사례'를 들 수 있어.

'우세사례' 라고도 해.

24. 우세사례

이것은 여러 가지 힘 중에서 어떤 것이 우세하고 어떤 것이 열세한가,

즉 어떤 것이 강해서 승리하고 어떤 것이 약해서 굴복하는가를 보여주는 사례를 말해.

또 이겼군!

예를 들어 지레가 무거운 물건을 들어 올리는 경우, 가죽을 잡아 당기면 어느 정도까지는 늘어나는 경우도 모두 어떤 힘이 더 우세인 거야.

졌다고 인정하고 놓으시지.

웃기지만 내가 더 우세해.

이와 같이 어떤 힘이 우세하고 어떤 방법으로 이기는가 하는 것을 보여주는 사례들이 수집되어야 한다고 보았지.

스물다섯 번째 특권적 사례는 '암시사례'야.

이것은 무엇이 인간에게 유익한 것인지를 암시나 지시하는 사례지.

25. 암시사례

스물여섯 번째 특권적 사례는 '일반적 유용사례'를 들 수 있어.

26 유용사례

예를 들어 어디에나 존재하고 드나드는 공기와 빛은 많은 문제를 일으켜.

포도주에 공기가 들어가면 품질이 떨어질 텐데… 큰일이네.

공기를 막을 방법이 없을까….

이럴 땐 액체로 표면을 차단하는 유용사례가 있지.

액체로 공기를 차단한다고요?

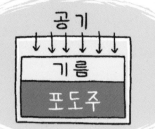

포도주나 약초의 액즙 위에 기름을 부어 놓으면 기름이 덮개처럼 공기를 차단하거든.

공기

기름

포도주

또한 모래나 밀가루 속에도 포도 같은 과실을 보존할 수가 있어.

왜냐하면 분말 속에는 공기가 섞여 있긴 하지만 주변의 공기를 모두 차단해 주기 때문이야.

공기

분말

진공상태

마지막 스물일곱 번째 특권적 사례는 '마술사례'란다.

27.
마술사례

지금까지 얘기한 27가지 사례들을 잘 보았지?

네!

특권적 사례들은 감각기관을 도와주거나 지성을 도와주지. 또한 이 사례들은 실천을 측정, 지시하거나 노고를 덜어준다고 했어.

특권적 사례

자, 이제 정말로 끝이야.

헉! 정말로 끝이에요? 무언가 다른 이야기가 더 이어질 것만 같은데요?

그건 아마도 《신논리학》이 미완성이기 때문에 그럴 거야.

나머지 미완성된 부분들은 앞으로 너희들이 채워주길 바라.

학문을 더욱 보완하고 발전시키는 건 바로 너희들의 몫이야.

그럼 베이컨의 《신논리학》은 이쯤에서 끝내도록 할까?

수고들 했어~ 모두모두 안녕~

**18**

# 베이컨 신논리학

홍성자 글 | 김광옥 그림

**01** 《신논리학》을 쓴 사람은 누구일까요?
① 헤로도토스　　　　　② 장 자크 루소　　③ 프란시스 베이컨
④ 존 스튜어트 밀　　　⑤ 존 로크

**02** 베이컨의 《신논리학》은 당시 지배적이던 학문에 대항하여 새로운
학문방법론을 주장한 책입니다. 당시 지배적이던 학문은 무엇일
까요?
① 플라톤 철학　　　　　　　② 아리스토텔레스의 논리학
③ 에피쿠로스학파　　　　　④ 소크라테스의 변증법
⑤ 프로타고라스의 불가지론

**03** 베이컨이 주장한 새로운 학문방법론으로서의 '신논리학'은 무엇일
까요?
① 연역법　　　　② 귀납법　　　　③ 변증법
④ 삼단추리　　　⑤ 우상론

**04** 러셀이 다음과 같은 '칠면조의 비유'를 통해 지적하고자 한 것은 무엇일까요?

어떤 칠면조 농장 주인이 칠면조를 키웠다. 그런데 주인은 칠면조에게 모이를 주기 전에 항상 종을 쳤다. 처음에는 그냥 그런가 보다 했는데 하루, 이틀, 사흘...... 계속되니까 똘똘한 칠면조가 추리를 했다. '아하, 주인아저씨는 종을 치고 나면 우리에게 맛있는 모이를 주시는구나.'

어느 날, 주인은 또 종을 쳤다. 칠면조는 맛있는 모이를 기대하며 뛰어갔다. 그러나 칠면조는 그날 맛있는 모이를 먹지 못했다. 그날 그 칠면조는 칠면조 요리가 되어 주인집 식탁에 올라갔다. 그날은 크리스마스이브였다.

① 귀납법에 의해 하나하나의 개별적 사실로부터 얻은 결론을 진리로 확신하기에는 허점이 있다.

② 귀납법에 의해 관찰한 것을 선입견 없이 기록하면 이를 근거로 믿을 만한 자연의 법칙을 발견할 수 있다.

③ 귀납법은 반드시 결론이 옳음을 보장한다.

④ 연역법은 반드시 결론이 옳음을 보장한다.

⑤ 연역법에 의해서만 자연의 법칙을 발견할 수 있다.

**05** 베이컨이 학문 탐구에 방해가 된다고 본 우상 중 '인간이기 때문에 동물이나 식물 등 다른 존재의 관점에서 세상을 보는 것이 아니라 인간의 관점에서 세상을 보는 문제점'을 지적한 우상은 무엇일까요?

① 종족의 우상　　② 시장의 우상　　③ 극장의 우상
④ 학설의 우상　　⑤ 동굴의 우상

**06** 다음과 관련이 깊은 우상은 무엇일까요?

우리에게 익숙한 말 중에 '우물 안 개구리'라는 말과 비슷한 의미라고 볼 수 있다. 각 개인이 저마다 다르게 태어나고 다른 환경에서 성장하고 다른 경험을 하면서 갖게 되는 우상이다.

① 종족의 우상　　② 시장의 우상　　③ 극장의 우상
④ 학설의 우상　　⑤ 동굴의 우상

**07** 다음에서 설명하는 우상은 무엇일까요?

베이컨은 모든 우상 중에서 가장 성가신 우상이라고 보았다. 언어와 명칭이 사물과 결합해서 인간의 지성을 혼란스럽게 만들기 때문이다. 예를 들면, 첫째는 명칭만 있고 실제로 존재하지는 않는 것들이다. 둘째는 실제로 있기는 하지만 잘못된 정의 때문에 혼란을 야기하거나 사물의 어느 한 측면만을 나타내고 있는 경솔한 명칭들이다.

**08** 베이컨이 천지개벽을 가져왔다고 감탄한 3대 발명품은 무엇일까요?

_____

**09** 귀납법으로 자연을 탐구하는 과정에서 다른 사례에 비해 이론적으로나 실용적으로 특별히 가치가 더 큰 사례를 무엇이라고 할까요?

_____

**10** 베이컨이 '아는 것이 힘'이라고 말한 의미는 구체적으로 무엇일까요?

_____

_____

# 통합교과학습의 기본은 세계사의 이해,
# 세계대역사 50사건

## 제대로 알차게 만든 교양 세계사 만화!
## 우리 집 최고의 종합 인문 교양서!

★ 서양사와 동양사를 21세기의 균형적 시각에서 다룬 최초의 역사 만화
★ 세계사의 핵심사건과 대표적 인물을 함께 소개해 세계사의 맥락을 짚어 주는 책
★ 시시각각 이슈가 되는 세계사 정보를 지식이 되게 하는 재미있는 대중 교양서

김창회 외 글 | 진선규 외 그림 | 232쪽 내외